es 1375
edition suhrkamp
Neue Folge Band 375

Mit seinem neuen Buch interveniert Peter Sloterdijk auf dem Feld, auf dem sich der Zeitgeist gegenwärtig die heftigsten Auseinandersetzungen liefert: dem der Kontroverse um Modernismus und Postmodernismus. Postmodernismus, so die These Sloterdijks, ist Postkopernikanismus. Was ist mit dieser These gemeint? Durch Kopernikus wurde das sogenannte ptolemäische Weltbild außer Kraft gesetzt. Der kopernikanische Schock breitet sich auf allen Gebieten der Kultur aus. Krieg den Selbstverständlichkeiten! lautet die Parole der antiptolemäischen modernen Künste. Diese Exklusion der Selbstverständlichkeiten hat sowohl die wirkliche Welt als auch die Welt in den Köpfen durcheinandergewirbelt. Für diese Verwirbelung schlägt Peter Sloterdijk die Bezeichnung »kopernikanische Mobilmachung« vor. Als Reaktion auf diese Mobilmachung zeigt sich gegenwärtig, so Sloterdijk, ein Rückbezug auf die zuverlässig-trügerischen ptolemäischen Wahrheiten. Sloterdijk nennt diesen Rückgang »ptolemäische Abrüstung«. Für ihn sind im großen Dezentrierungswirbel des radikalen Modernismus gewisse Rezentrierungsmanöver ptolemäischen Typs notwendig, wenn nicht aus der totalen Mobilmachung die totale Desintegration folgen soll.

Peter Sloterdijk
Kopernikanische Mobilmachung
und ptolemäische Abrüstung

Ästhetischer Versuch

Suhrkamp

edition suhrkamp 1375
Neue Folge Band 375
Erste Auflage 1987
© Suhrkamp Verlag Frankfurt am Main 1987
Erstausgabe
Alle Rechte vorbehalten, insbesondere das der Übersetzung,
des öffentlichen Vortrags
sowie der Übertragung durch Rundfunk und Fernsehen,
auch einzelner Teile.
Satz: Hümmer, Waldbüttelbrunn
Druck: Ebner Ulm
Umschlagentwurf: Willy Fleckhaus
Printed in Germany

1 2 3 4 5 6 – 92 91 90 89 88 87

Ob man sich ein Herz auf die Stirn tätowieren sollte? Alle Welt würde dann sehen: das Herz ist ihm in den Kopf gestiegen. Und da es ein tintenblaues, ein sterbeblaues, ein agonisches Herz wäre, könnte man auch sagen: der Tod ist ihm in den Kopf gestiegen. Wir brauchen nur aufzuschreiben, wie tief uns der Schrecken traf.

Hugo Ball, *Die Flucht aus der Zeit*

Es gibt im Deutschen die Redensart, daß die Spatzen schon von den Dächern pfeifen, was einem, der vom Land kommt, noch als Geheimnis oder Neuigkeit erscheint. Es spricht nichts dagegen, die Vorstellung vom Konzert der Spatzen auf dem Dach als Metapher für ein Phänomen zu nehmen, das man, wiederum im Deutschen, den Zeitgeist nennt. Man darf sich darunter vorstellen, was zur Physiognomie einer Epoche oder eines Jahrzehnts gehört – die Mode der Zeit und ihre philosophischen Leitwörter, ihre technologischen Trends und ihre ästhetischen Gesten. Wenn es legitim ist, die chaotische Musik über den Dächern mit dem Lärm des Zeitgeistes in Verbindung zu bringen, dann müßte der Spatz auf dem Dach und nicht die Eule der Minerva als das Wappentier der Philosophie gelten – zumindest derjenigen, die sich nicht, wie die Hegelsche, damit zufriedengibt, vollkommene Erinnerung zu sein und in prinzipieller Nachträglichkeit aus der Abenddämmerung aufzusteigen. Zwar war es Hegel selbst, der von der Philosophie gesagt hat, sie sei ihre Zeit, in Gedanken gefaßt. Doch Hegel hatte auf diese These kein Anrecht, weil für ihn die Zeit aufhörte, gelebte Zeit zu sein, sobald sie auf ihren Begriff gebracht war. Gelebte Zeit hat einen opaken Kern; im dunklen Glitzern des Augenblicks rühren sich Spannungen und Tendenzen, die sich nie in begriffliche Selbstdurchsichtigkeit auflösen. Bisher haben die Zoologen nicht erklärt, zu welcher Schule die Spatzen gehören, die von den Dächern die Geheimnisse des Zeitgeistes ausplaudern. Fest steht, daß Spatzen schlechte Hegelianer sind – nicht bloß wegen der Kürze ihres Gedächtnisses. Die Spatzenphilosophie ist ein Denken der Gleichzeitig-keit – ein wenig zu laut und zu schnell, wie es dem flinken Emblem entspricht, doch frei von der trägen Omnipotenz der nachträglichen Klugheit und von der Melancholie der absoluten Erinnerung. Wo Hegels Eule ein Ganzes sieht, weil das Ganze selbst dem Ende nahe ist und als versinkende Gestalt des Geistes vor uns erscheint, pfeift der Spatz seine gegenwärtige Perspektive vom Dach – flüchtige Ansichten, momentane Stimmungen, wandernde Profile, bewegliche Horizonte. Diese Vögel sind vermutlich Situationisten, Perspektivisten, Taoisten. Sie halten es nicht mit letzten Einsichten und totalistischen Abgesängen. Ihre Dachkonzerte sind nomadisch und volatil, sie begrüßen den Morgen und kennen den Sonnenstand, die Verdüsterungen des Himmels.

Nicht zufällig war die Eule das Symbol des metaphysischen Denkens im alten Europa. Sie symbolisiert das Vergreisen der Welt, die aus den frühen Kulturen um das Mittelmeer erwachsen war; sie steht für eine Betrachtungsart, bei der es im Guten wie im Bösen immer schon zu spät ist. Im eulenhaften, abschließenden Wissen kommt der Geist der Untergänge und Verluste zu sich selbst. Wenn er es in etwas bis zur Gewißheit gebracht und sein letztes Wort gesprochen hat, bleibt für ihn nur der Abschied des Begriffs vom Leben und das vermittelnde Andenken daran. Im letzten Wissen sind die Schlußworte der Dinge versiegelt und die Nachrufe auf sie niedergelegt. Wer sich aber als guter Alteuropäer wirklich an das Hegelsche Gesetz der Erkenntnis als vollkommener Erinnerung halten wollte, müßte auf der Stelle zur Säule erstarren. So unerträglich ist unsere Lektion: daß Erfahrung und Verzweiflung konvergieren. Hingegen sind die Spatzen ruchlos fröhlich bei der Sache des Augenblicks, sie trillern in den Tonarten des Zeitgeists durcheinander und pfeifen skandalös auf die Eulentöne, die sich aufführen, als sei mit ihnen die Geschichte von Musik und Weisheit überhaupt am Ende.

Ich überrasche niemanden, wenn ich sage, daß eine philosophische Intervention bei einer Veranstaltung, die sich mit dem Problem der Tonalität in der heutigen Musik befaßt, nur indirekt vorgehen kann. Was ich zu bieten versuche, ist nicht als Beitrag zu bezeichnen, am ehesten als Exkurs. Ich muß zu Ihnen in einer Sprache sprechen, die zu den kompositorischen Fragen von außen hinzustößt – einerseits mit der Gelassenheit, die aus der Unzuständigkeit kommt, andererseits mit einer Spannung, als fielen die Entscheidungen über die Möglichkeit von Philosophie und Musik aus denselben Motiven. Ich werde mit der Unterstellung arbeiten, daß es im musikalischen Zeitgeist – falls Sie mir das teutonische Wort weiter erlauben – kein signifikantes Phänomen gibt, das nicht, wenn auch mittelbar, sein Äquivalent in den aktuellen philosophischen und literarischen Reflexionen fände. Was die Spatzen heute von den Dächern der Metropolen pfeifen, betrifft Musik und Philosophie, wenn nicht auf gleiche Weise, so doch mit ähnlicher Dringlichkeit. Ich erlaube mir kein Vorurteil darüber, ob dieses Spatzenkonzert definitiv von postmoderner oder neotonaler Faktur ist –

auch nicht darüber, ob die Vokabeln postmodern und reaktionär tatsächlich nur die höflichen und unhöflichen
Titulierungen derselben Phänomene bedeuten, wie man
es aus dem Mund alarmierter Altmodernisten hört.

Aus dem Lärm über den Dächern habe ich drei, vier
Grundmotive herausgehört, die ich dem Vortrag zugrunde lege.

Als erstes kommentiere ich die ostinate Klage über die
Erschöpfung der ästhetischen Moderne und die Krise des
historischen Bewußtseins. Man braucht kein geschultes
Ohr, um dieses Motiv zu vernehmen – die allgegenwär-
tige Panikmeldung, daß die Moderne ausrinnt. Eher
möchte man sich manchmal die Ohren zuhalten, um
nicht zu hören, wie eine höhnische Drehorgel das Lied
von der ewigen Wiederkehr des Gleichen spielt. (I)

Dem sekundiert ein Nebenthema, das, mit boshaften
Trillern, davon handelt, wie sich im modernen Kunstbe-
trieb die Interpretation des Kunstwerks in das Kunstwerk der Interpretation verkehrt hat – bis die Funktion
der Werke allein darin zu bestehen scheint, ihrer siegrei-
chen Auslegung durch den Kritiker nicht allzusehr im
Weg zu stehen. Von den kulturellen Voraussetzungen solcher Erscheinungen spreche ich unter dem Stichwort:
Die philosophische Überlastung der Ästhetik und der
hermeneutische Moralismus. (II)

Das dritte Motiv kann keine Überraschung bieten: not-
gedrungen muß von Postmodernismus die Rede sein, da
das Gerücht von ihm lauter als alles von den Dächern
schallt. Es ist, als hätte eine Majorität von Vögeln mit

einem Schlag begriffen, daß das, was bisher im Namen des Modernismus von den Dächern gesungen wurde, auch nur Spatzenmusik gewesen ist, die so raffiniert war, sich für das Maß der Dinge halten zu lassen, wenn nicht für die Stimme des Weltgeistes selbst – das ist die deutsche Luxusausgabe des Zeitgeistes. Seither sehen sehr viele Spatzen nicht mehr ein, warum sie den Schnabel halten sollten, um der Musik zuzuhören, die von den Modernisten über die Dächer gepfiffen wurde. Möglicherweise ist die Postmoderne nichts anderes als das, was von den Dächern tönt, wenn Spatzen, die bisher den Schnabel gehalten haben, plötzlich nicht mehr einsehen, warum sie ihn länger halten sollten, und nun dieses Nicht-Einsehen als neuesten Trend von den Dächern pfeifen. Wenn Zeitgeist und Spatzenmusik seit je identisch waren, dann braucht man nur diese erschütternde Einsicht von den Dächern zu pfeifen, und ein neuer Zeitgeist ist geboren, der seine Substanz in der Erkenntnis hat, daß alle Spatzen dem Himmel gleich nahe sind – vorausgesetzt, sie hätten ein Dach, um herabzupfeifen. Die Postmoderne ist ein autopoietisches System, das sich zu stabilisieren beginnt, sobald eine kritische Masse von Spatzen anfängt, von den Dächern zu singen, daß sie nicht einsehen, warum sie nicht auch so von den Dächern singen sollten, wie man ihnen beigebracht hat, daß sie nicht singen sollten. Damit markiert Postmoderne, optimistisch gesehen, ein vorangeschrittenes Stadium ästhetischer Demokratie: die cleveren Vögel des Westens trillern über den Köpfen des Publikums, daß künftig als avancierte Kunst gelten wird, was auch immer von den Dächern gepfiffen wird. In pessimistischer Sicht signalisiert sie allerdings die Abdankung der Qualitätsgefühle – einen vandalischen Ausverkauf, in dem der ästhetische Merkantilismus die letzen normativen Hemmungen beseitigt, die seinem Sturmlauf im Weg lagen; nach *fast food* nun auch *fast aesthetics*. Die dritte Überlegung handelt also von der postmodernen Logik selbstpfeifender Systeme oder, wenn Sie wollen, von der Logik autogener Gerüchte. Sie deutet an, wie die Neue Musik, in atonalen und tonalen Varianten, an solchen Logiken teilhat – kraft der Selbstbezüglichkeit von exklusiven Mechanismen. Es werden in diesem Zusammenhang einige historisch-anthropologische Anmerkungen fällig, die ich unter dem Titel: Kopernikanische Mobilmachung und ptolemäische Abrüstung vortrage. (III)

Der Tenor der abschließenden Betrachtung erinnert wieder mehr an den Theorietypus der Eule als ans leichtsinnige Zeitgeistgezwitscher. Ausgehend von erneuerten musikontologischen harmonikalen Spekulationen – für die Joachim Ernst Berendts vielbeachtetes Buch *Nada Brahma. Die Welt ist Klang* als Muster dient –, taste ich mich in einen Bereich von hoher Brisanz vor: den, wo die Option für Tonalität zur naturphilosophischen Konfession wird. Hier wird das Kampffeld erkennbar, auf dem die ideologische Schlacht um neotonale Phänomene im Komponieren der Gegenwart ausgefochten wird. Die sogenannte Rückkehr der Tonalität, soweit sie nicht dezisionistisch und opportun ist, sondern argumentative Profile zeigt, gehört, wie ich zeigen möchte, in einen philosophisch bedeutsamen Zusammenhang mit dem, was ich die neo-synthetischen Denkformen nenne. Diese bilden gleichsam den logischen Generalbaß avancierter Aufklärungszustände, indem sie Antworten auf die kritischste Frage gerade erfolgreicher Modernisierungen entwerfen: Wie sind lebensorientierende Weltansichten, im Jargon: Neue Synthesen, angesichts einer Kultur der entfesselten Analysis noch möglich? In welcher Gestalt kommen Subjekte unter Bedingungen der Modernität zu einer »positiven« Philosophie? In welcher Weise könnte philosophisches Denken die Zumutungen des Weltanschauungsbedürfnisses annehmen? Welchen Platz behauptet die »strenge« Philosophie im Getümmel der neuen Mythen und Prophetien? Läßt sich die analytische Konfession des modernen Philosophierens mit einem Begriff des Denkens vereinbaren, der eine Analogie zwischen Denken und Komponieren anerkennt? Oder sind Philosophie und Privatmythologien ein für allemal geschiedene Funktionen und kann nur die Analyse seriös sein, während Synthese für immer in den ästhetischen, mythomanischen, neurotischen Untergrund verbannt bleiben wird? (IV)

Offensichtlich nehmen diese Überlegungen eine Frage auf, die Jürgen Habermas kürzlich unter dem Titel *Die Neue Unübersichtlichkeit* zur Diskussion gestellt hat – ein guter Titel nebenbei, da er sich zu dem Phänomen, trotz aller Sorge, vorsichtig positivierend verhält. Er charakterisiert einen Effekt, der an dem Tumult der neuen Weltanschauungsfabrikationen haftet. Wenn zahllose Einzelne perspektivisch und freihändig ihre Neuen Synthesen entwerfen, um Übersicht im Chaos der Neuzeit zu gewinnen, dann wächst insgesamt die Konfusion exponentiell an. Damit haben wir es jetzt zu tun. Eine weitere Übersicht über die Neuen Übersichten, die alte Unübersichtlichkeiten wegarbeiten sollten, erkennt mit Notwendigkeit Neue Unübersichtlichkeit. Wie wir mit dieser umgehen werden – oder wie wir ertragen, was sie mit uns macht –, ist eine wesentliche ideenpolitische Problematik des Augenblicks. Es ist vermutlich für die Komponisten Neuer Musik leichter, sich zu vergegenwärtigen, was das heißt, als für Rationalisten alter Schule, die mit allem, was Konstruktion heißt, nur defensiv und ideologiekritisch umzugehen verstehen – bestenfalls im Stil eines diskursiven »Neo-Bauhauses«, unter ausschließlicher Verwendung von Glas, Stahl und logischen Verbindungen. Wer sich am Problemdruck der Neo-Synthetiker orientiert, erkennt, wenn nicht in ihren Antworten (die meist primitivistisch bleiben), so doch in ihren Fragen eine kompositionspolitische Herausforderung. »Die Kunst ist überall, weil das Kunstwerk im Herzen der Wirklichkeit steht.« (Jean Baudrillard)*

---

* *L'Echange symbolique et la mort,* Paris, 1976, S. 116.

I. Von der Erschöpfung des ästhetischen Modernismus und der Krise des historischen Bewußtseins

> Das ist die Macht der modernen Ästhetik: man kann nicht Künstler sein und an die Geschichte glauben.
>
> Hugo Ball, *Die Flucht aus der Zeit*

Wer vom Ausrinnen der Moderne spricht, kann eine Unzahl heterogener Beobachtungen vor Augen haben, die nur in einer sehr allgemeinen Feststellung zusammenlaufen: daß die reale Moderne und ihr Bild, das jahrzehntelang die Köpfe beherrschte, verschiedene Dinge sind, deren Verwechslung künftig nicht mehr unbemerkt bleibt. Die Moderne und ihr Gerücht waren zweierlei. Diese These ist so trivial wie überraschend. Es steht jedoch fest: die verbreiteten Programme der Modernität haben die scheinbar einfache Unterscheidung des Phänomens von seinem Mythos bisher nicht oder nur unzulänglich gemacht – nicht machen können, weil sie selbst Agenten des Mythos waren. Erst im Zwielicht der sogenannten Postmoderne wird die Trennung der Wörter und der Dinge zwingend, auch wenn sich zeigen wird, daß in einer Kultur mit hoher Zeichenemission die Dinge selbst bereits Wörter sind. Wir erkennen aufgrund unserer veränderten Stellung in der Zeit – ohne daß dies das persönliche Verdienst von irgendwem wäre –, daß die Moderne zugleich sehr viel mehr und sehr viel weniger war als das, wofür sie sich hielt und halten ließ.

Das gilt zunächst für den augenfälligsten Prozeß, der seit kaum dreihundert Jahren, von europäischen Ländern ausgehend, das Gesicht der Erde revolutioniert – das Aufkommen der großen Technologie. Heute weiß im Westen jedes Schulkind, was vor hundert Jahren nur den als reaktionär verschrieenen Zivilisationskritikern Sorgen bereitete: die Entfesselung der technologischen Potentiale war nicht nur die Befreiung von dienstbaren Geistern, die Milliarden Jahre in der Erde schliefen und dem Augenblick entgegenträumten, in dem sie unter dem Namen von Produktivkräften zugunsten menschlicher Projekte erwachen sollten; diese Freisetzung war zugleich eine katastrophenartige Einleitung von Prozessen mit höchstem Fatalitätsrisiko. Damit kommt mehr zum Zug als das Einerseits-Andrerseits der dialektischen Besinnungsaufsätze – wonach neben den segensreichen modernen Techniken leider auch Kriegsarsenale entstanden sind, als bedauerlicher Schatten des großtechnischen Lichts. Es mehren sich Indizien, die es nahelegen, die Produktivkraftentfesselung als vereinten Effekt von polemischen und eschatologischen Motiven zu begreifen – als einen Heiligen Krieg des Superraubtieres *Homo sapiens sicut deus* gegen die Biosphäre mit dem Ziel, ein Endreich der anthropozentrischen Perfektion aufzurichten. Der Ausdruck Produktivkräfte verschleiert mit seinem arbeitseuphorischen Akzent den Feldzugscharakter des Geschehens und lenkt von der Tatsache ab, daß die Unterscheidung zwischen Werkzeugen und Waffen unter ökologischen, politischen und philosophischen Aspekten sich im Zusammenbruch befindet.

Die neuzeitlichen Naturwissenschaften – der Alliierte des technologischen Durchbruchs – sind ihrerseits längst auf einem Weg ins Unheimliche. Sie sind in Bereiche vorgedrungen, wo die herkömmlichen Ideen von Natur und Naturbeherrschung schwanken. Jenseits der triumphalen Einzelerkenntnisse öffnet sich ein Bezirk, in dem nur Schwindelgefühle dem, was sich zeigt, noch angemessen sind. Hamlet war privilegiert, als er klagte, *the time is out of joint*. Neuerdings ist mehr aus den Fugen als die Zeit – auch Raum, Materie, Energie, Groß, Klein, Oben, Unten und alles weitere. – So liegt es auf der Hand, daß Modernisierung zugleich mehr war und weniger, als ihre ersten Legitimatoren dachten; sie war sehr viel weniger als eine direkte Linie zur Weltbefriedung und zur Aufhebung materieller Übel auf dem Planeten; aber sehr viel mehr als ein konsekutives Weiterbauen auf den Grundlagen des 16. und 17. Jahrhunderts. Leicht ließe sich diese Betrachtung auf alle Prozeßaspekte ausdehnen; jedesmal würde sie eine analoge Dialektik zutage fördern – wobei der Begriff Dialektik zweifellos zu bequem ist für die Gegensinnigkeit der Phänomene.

Auch der ästhetische Bereich ist von Paradoxien nicht verschont. Der oberflächlichste Blick auf die Kunstgeschichte des 20. Jahrhunderts erkennt, daß in ihr ein provozierendes Mißverhältnis zwischen den Aufbrüchen und den Entwicklungen herrscht. Die Prozesse haben ihre Programme zugleich dementiert und überflügelt. Zu Recht bildet die Deutung dieses Mißverhältnisses einen

Drehpunkt neuerer kunsttheoretischer Reflexionen. Hat sich gegen Ende dieses Jahrhunderts die Diagnose der Frankfurter Schule bestätigt, daß im Zeichen der Kulturindustrie Aufklärung in Massenbetrug umschlägt? Hat sich erwiesen, daß die formalen und technischen Errungenschaften des Modernismus in Hilfsmittel des Ungeistes ausarten? Ist Regression der Moderne die Generalformel für das, was sich nach den heroischen Eruptionen um das Jahr 1910 zugetragen hat?

Tatsächlich hat diese Rückschlagstheorie ihre Anhänger, aber da ich sie für irreführend halte, will ich mich mit ihr nicht befassen. Das Problem freilich, das mit der Formel vom Veralten der Moderne umschrieben wird, besteht, wie jeder zugibt, legitimerweise. Will man die Kunst der nach-avantgardistischen Generationen nicht als Restauration oder Regression abqualifizieren, dann muß man zeigen, wie die sachlichen Gründe und Prozeßregeln beschaffen sind, die bewirken, daß die ästhetischen Entwicklungen des letzten halben Jahrhunderts auf ihre Weise ebenfalls zugleich mehr und weniger bedeuten als die Erfüllung modernistischer Programme. Solche Gründe darf man nicht in erster Linie bei der Psychologie suchen. Natürlich weiß man, daß Neoklassizismus zu den typischen Altersrisiken von Dadaisten gehört, wie auch Frömmigkeit bei Atheisten, Bordellwirtinnen und Physikern in fortgeschrittenen Jahren sprichwörtlich ist. Aber man kann epochale Bewegungen wie Stilentwicklungen in den Künsten nicht mit biographischen Begriffen einfangen. Die großen Trends gleichen weder persönlichen Reifungsprozessen, noch sind sie wie quasi-biologische Konstanten der »Moderne« als solcher immanent, als wäre diese ein lebender Organismus oder eine metaphysische Entität. Wir wollen in der Kulturtheorie alles – nur keine Spenglersche Pseudobiologie. Sinnvoller scheint es, nach den ästhetischen Prinzipien und Produktionsgesetzen selbst zu fragen.

Den Schlüssel zum Verständnis moderner Kunstproduktion liefert deren eigenes Geschehen: unübersehbar ist der enge Zusammenhang zwischen der Entfesselung der ästhetischen Mittel und dem Schockprinzip als Träger des Rapports zum Publikum der neuen Kunst. Was in den zeitgenössischen Techniken erobert wurde: das Montageverfahren, die Emanzipation der Dissonanz, das Verfremdungsprinzip, die Abstraktion von Gegenständlichkeit, die Sprengung des Dogmas realistischer Mimesis, die Aufhebung überlieferter formaler und harmonikaler Zwangsregeln, die neuen Technomorphien, die ästhetische Ausnutzung von Kalkül und Zufall – das alles, um die Aufzählung abzubrechen, ist unlösbar verwoben mit einer ästhetischen Strategie des Schockierens, Befremdens, Wachrüttelns, Verweigerns und Verstummens. Um die frühe Moderne liegt dieser spröde Zauber – das Wagnis einer neuen Hermetik. Sie gibt den Werken dieser Zeit ihre unwiederholbare Authentizität.

Wenn die Moderne in der zweiten, dritten, vierten Generation von diesen Denkmälern teils respektvoll, teils blasphemisch abrückt, so kommt in dieser Distanzierung eine Art von ästhetischem Sachzwang zur Auswirkung. Der Schock kann nicht auf Dauer die Nerven wie zum ersten Mal überfallen. *Stricto sensu* ist die Schockästhetik ihr eigener Erlediger, der einer späteren Kunst die Tür öffnet. So geht das Veralten der Moderne zu großen Teilen auf deren eigene Rechnung, ohne daß man blind sein müßte für die Verbindungen zwischen den ästhetischen Entwicklungen und dem »sozialen Wandel« (auch eine Vokabel aus der Liturgie der Modernisierungsreligion). Was zum Altern der Moderne beiträgt, ist das ästhetische Bildungssystem, das über die modernen Künste nicht nur einen historischen Schleier, sondern einen Teppich von Historismen ausgebreitet hat. Heute ist die Kunstgeschichtsschreibung mit den Kunstereignissen gleich schnell geworden; mit immer engeren Regelkreisen von Innovation, Überinterpretation, Propaganda, Vermarktung und kunsthistorischer Einordung verfängt sich die Kunst in unentwirrbaren Auto- und Heterogenesen – bis sie dort ankommt, wo wir begonnen haben: beim autopoietischen Spatzenkonzert, durch das sich die Postmoderne als freitragendes Gerücht ihrer selbst stabilisiert. Da scheint die Synthese zwischen Selbsthypnose und Selbstreklame gelungen: Kunst ist genau das, was sie aus sich selbst zu machen versteht – und weiter nichts. Man fühlt sich an eine Fortführung des Deutschen Idealismus mit anderen Mitteln erinnert; Kunst wäre die Produktion von Welten aus freien Tathandlungen Fichteschen Stils, mit dem Unterschied, daß das Subjekt dieser Tathandlungen sich nicht ermitteln läßt, weil man nicht mehr feststellen kann, wer es war, der mit dem Trubel angefangen hat. Und selbst wenn man sagte, daß eben die Klassiker der Moderne es waren, so hilft uns diese Identifizierung nicht weiter, weil wir darüber rätseln, warum die Moderne *nicht* fortgeschritten ist, wie ihre mythischen Väter sie entworfen hatten. Gerade weil der Fortgang seine Anfänge dementieren mußte, sind sie ja mythische Väter – Gestalten einer Geschichte, die so unwiderruflich Vergangenheitscharakter hat wie das 19. Jahrhundert oder das Cinquecento.

Wenn der Schock Schulfach wird, wenn Kunststudenten im Proseminar Dada üben und die Akademie als Diplomsurrealisten verlassen, so hat sich ein tragendes Prinzip des Modernismus endogen erschöpft. Die postmoderne Indifferenz gegen gewisse Axiome der modernistischen Sprödigkeit ist darum prozeßlogisch korrekt und keineswegs nur die Preisgabe einer älteren Radikalität zugunsten einer Neuen Gefälligkeit. Es entspricht evolutionärer Konsequenz, wenn heutige Kunstäußerungen oft weniger Schockintentionen zeigen und sich gegen die Materialgläubigkeit älterer Tage reserviert verhalten. Sofern sich die neuen ästhetischen Codes an veränderten Parametern der Intensivierung messen, sei es in Richtung auf neue Einfachheiten oder auf hermetische Formen, so spricht dies von kunstgeschichtlich notwendigen und sinnvollen Sedimentierungen, Filterungen und Abklärungen der expressiven Verfahren. Nicht zufällig haben die Werke der Gegenwart häufig relativierende Attribute um sich, sie werden leiser, fungibler, weniger epatant, biographischer, subkultureller, ironischer gegen Genialismus, skeptischer gegen Wirkung sowie Wirkungsverweigerung – und sind doch nicht weniger beharrlich und erfahren in ihren Bemühungen um die Rätsel des Gebildes.

Im postradikalen Klima verliert die ehrwürdige Idee der Avantgarde ihren kunstgeschichtlich etablierten Sinn. Das heißt nicht, daß es nicht weiterhin gewaltige Entwicklungsabstände und Rangunterschiede der artistischen Kraft gäbe, aber diese Differenzen können nicht mehr als Kriterien oder Positionslampen der kulturellen Evolution im ganzen gedeutet werden. Gerade dies lag in der Programmatik der klassischen Avantgardismen. Sie waren geistesverwandt mit geschichtsphilosophischen Denkformen, unter denen vor allem der liberale Progressismus, der marxistische Produktionsmessianismus und der ästhetisch-sozietäre Anarchismus folgenreich wurden. Nur im Rahmen solcher säkular-eschatologischer Projektionen von Ende und Ziel der Menschheitsgeschichte waren Ideen von offensiven Vorhuten sinnvoll, Ideen, die in der Folge teils direkt, teils indirekt auf die Sturmspitzen ästhetischer Innovationsbewegungen übertragen wurden. Dadurch hatten die ästhetischen Avantgarden Anteil am Geist bürgerlicher Geschichtsphilosophien und ihrer kleinbürgerlichen und proletarischen Varianten. Auch der ästhetische Avantgardismus war mittelbar einer säkularen Idee von Heilsgeschichte verpflichtet. Er partizipiert an Programmen humaner Selbsterlösung im Geist der bürgerlichen Arbeitsanthropologie und in der Hoffnung auf die expressive Entfesselung des Einzelnen. Hierin ist der Modernismus in den Künsten untrennbar vom utopischen Geschichtsdenken des euroasiatisch-amerikanischen Arbeitsbürgertums. Er atmet denselben Geist des »Angriffs auf die Zukunft« – und dort noch, wo er aggressiv antibürgerlich und geschichtsverachtend auftritt, verbleibt er in einer Erfahrungsgemeinschaft mit den Schwundformen und Selbstdementis einer prometheischen Fortschrittsideologie. Aus manchen Kunstethiken und Programmschriften der offensiven Frühmoderne lassen sich Träume eines ästhetischen Willens zur Macht ablesen. Wie man sich erinnert, hat kein Geringerer als Arnold Schönberg die Erfindung der Zwölftonkomposition mit fast kunstimperialistischer Euphorie als eine Neuerung proklamiert, »durch welche« – das ist ein Zitat – »die Vorherrschaft der deutschen Musik für die nächsten hundert Jahre gesichert ist«. Natürlich stellen solche Formulierungen weder Schönbergs Integrität noch die Substantialität seines Werks in Frage; jedoch ist sein Traum von einer zweiten Wiener Hegemonie in der Weltmusik von geschichtsphilosophischen Annahmen geprägt, die als verfehlt empfunden werden müssen. Wien konnte ebensowenig zur Mitte eines zweiten atonalen Kaiserreichs werden wie Bayreuth zum Tempel einer musikalischen Weltreligion christlich-germanischen Gepräges. Die Größe beider Erscheinungen ist untrennbar von ihrer Unvollendbarkeit, und im ganzen sind beide noch eindrucksvoll, weil sie singuläre Kulminationen blieben, die herausragen, ohne zu herrschen.

Zum Erbe der Wiener Schule kann man sich seither verhalten, wie man mag, ob als Erbe, als Rebell oder als Indifferentist – in keinem Fall kann man die Erfahrung der postavantgardistischen Kondition umgehen. Was Vorhut war, ist nicht nur durch zeitlich Späteres abgelöst, sondern in seiner Avantgardequalität selbst problematisch geworden. Das meint nicht, daß ihre Werke überboten worden wären – auch nicht, daß sie, zu Klassikern entschärft, zu den Akten gelegt wären und »in der Geschichte« ihren Platz gefunden hätten. Ist die Geschichte überhaupt noch etwas, worin etwas »seinen Platz« finden kann? Wurde Geschichte als solche nicht zu einer Sache, die Mühe hat, ihren Rang im Wirklichen zu behaupten? Es ist nicht ausgemacht, ob wir das historisch Zurückliegende noch ohne weiteres als »eigene Geschichte« ansehen können, die uns Vermächtnisse, Bindungen und Zukunftschancen ausgehändigt hätte. Längst verhält sich die Mehrheit der Zeitgenossen zu ihrer belanglos gewordenen Vergangenheit enterbt, entbunden und so, als wären schon gestern die Gelegenheiten von morgen verspielt worden. Die moderne Ratlosigkeit vor der fliehenden Zeit ist durch welthistorisches Erzählen nicht mehr zu trösten. Die große GESCHICHTE von einst entpuppt sich als eine evolutionäre List, die sich nicht verraten durfte, wenn sie wirksam bleiben wollte: als ein aktiver autohypnotischer Mythos. Dieses Geheimnis ist heute ausgeplaudert und um seine Wirkung gebracht. Vielleicht war GESCHICHTE nur ein Märchen von gewaltiger Realitätsmächtigkeit, die sich so lange bewährte, wie die Adressaten des Märchens dazu gebracht werden konnten, selber zu Subjekten der Märchenhandlung zu werden und ihre persönlichen Geschichten in die GESCHICHTE einzuweben.

Geschichten bleiben nur in der Geschichte des Geschichtenerzählens sinnvoll. Und wie es beim Erzählen vorkommt, daß eine Geschichte endet, weil eine andere

angeknüpft wird, so kann auch die Erzählung von der
GESCHICHTE der modernen Kunst abgebrochen und
in neue Richtungen weitererzählt werden, sobald andere
Erzählungen von anderen Kompositionen und andere
Kompositionen der Geschichte sich ins endlose Erzähl-
gewebe einflechten. – Den Theoretikern des Modernismus ist die Labilität ihres Projekts freilich nicht entgangen. Es war besonders Adorno, der frühzeitig auf die
Risiken des »Geschichtsverlusts« vorausgeblickt hat. Er
erkannte, daß der Mythos der Moderne sich selbst ge-
fährdet, indem er das Moment der Diskontinuität und
den Habitus des Bruchs mit den Traditionen unter-
streicht; unweigerlich würden die Prinzipien des Modernismus eines Tages gegen diesen selbst zur Wirkung
kommen. Darum konnte auch Adorno den Mythos der
Moderne nur mit Mitteln verteidigen, die eher elitärem
Exorzismus als liberaler Permissivität anstanden. Was
sich nicht seiner Moderne-Erzählung einverleiben ließ,
verwarf er als kunstgewerbliche Reaktion oder als Beitrag
zur Zerstörung des »geschichtlichen Bewußtseins«. Sein
Urteil ist bis heute virulent. Die Strategie dieses Urteils
jedoch ist durchsichtig: es gehört zu den vorgeschobenen
Verteidigungslinien der modernistischen Mythologie, die
ihre Unhaltbarkeit vorausfühlt.

Vieles von dem, was in den nach-avantgardistischen
Künsten des letzten halben Jahrhunderts zutage kam, dementiert den offensiven Mythos der Moderne, ohne aus
dem Ensemble legitimer moderner Ausdrucksformen
ausgeschlossen werden zu dürfen. Was ästhetisch die
Uhren geschlagen haben, sagen nicht mehr die avantgar-

distischen Geschichtsdoktrinen. Vermutlich besagt der Schlag der Uhren seit langem nichts anderes mehr als das Ende avantgardistischer Exklusivität – das Ende der Einschüchterung durch normativen Modernismus.

II. Die philosophische Überlastung der Ästhetik und der hermeneutische Moralismus

> Es konnte den Anschein haben, als sei die Philosophie an die Künstler übergegangen; als gingen von ihnen die neuen Impulse aus. Als seien sie die Propheten der Wiedergeburt. Wenn wir Kandinsky oder Picasso sagten, meinten wir nicht Maler, sondern Priester; nicht Handwerker, sondern Schöpfer neuer Welten, neuer Paradiese.
>
> Hugo Ball, *Die Flucht aus der Zeit*

Die Wendung vom Ende der Einschüchterung durch Modernität bedarf der Erläuterung. Zwar verstehen Angehörige der metropolitanen Subkulturen sofort, was die Formel sagt – es herrscht in solchen Dingen ein Konsensus der Nerven. Aber man darf weniger dessen sicher sein, ob man versteht, warum man versteht. Es ist keineswegs selbstverständlich, daß ein kulturelles System, von dem im ganzen emanzipatorische Wirkungen ausgingen, bei Spätergeborenen seinerseits antiautoritäre Regungen hervorruft. Wie ist es zu erklären, daß ästhetische Entfesselungen als neue Hemmungen wahrgenommen werden können? Welche Vorgänge sind dafür verantwortlich, daß jüngere Künstler, unter ihnen die Begabtesten ihrer Generation, gegen manche Vermächtnisse des Altmodernismus empfindlich reagieren? Mit welchem Recht kann der Komponist Reinhard Febel das Wort Befreiung gebrauchen, wenn er von der Einsicht spricht, daß die von der Wiener Schule ausgerufene Verbindlichkeit der Atonalität für authentisches Komponieren in der Gegenwart als ohnmächtige Legende durchschaubar geworden sei?*

Man muß, um in die Tiefenstruktur des Problems einzudringen, einige Schichten von polemischem und interessiertem Denken abtragen. Dazu gehört alles, was Generationskonflikte und entsprechende Schulstreitigkeiten anbelangt. Seit einiger Zeit läßt sich mit guten Gründen behaupten, daß der Konflikt zwischen Jungen und Alten in der westlichen Hemisphäre seine kulturgeschichtliche Sprengkraft verloren hat – während er in Osteuropa und in einigen Ländern der Dritten Welt noch eine Rolle als psychischer Motor beginnender Modernisierungs- und Liberalisierungsprozesse spielen kann. Eher zeichnet sich hier eine Umkehrung der Fronten ab; häufig sind es die Älteren, die über das Zurückbleiben der sogenannten Jugend sich entsetzt zeigen. Adornos grimmige Bemerkung über die »jungen Fossilien«, die von neuem mit der Tonalität daherkommen, steht für das Phänomen insgesamt. – Doch auch die Gegenpolemik gehört noch flacheren Schichten des Problems an. Es dient nicht der Klärung zu behaupten, der Modernismus, einmal redaktionell und betrieblich an der Macht, habe sich zu einem ästhetischen Kartell verschworen, das seine Tabus und Maßstäbe dem Kunstleben der Späteren aufgezwungen hätte. Wer eine solche Optik wählt, verkleinert das Ereignis Moderne und reduziert es auf willkürliche Verabre-

---

* Vgl. Reinhard Febel, *Tonalität nach ihrer Katastrophe*, in: *Musik-Texte*, Heft 14, April 1986.

dungen oder Setzungen. Zwar ist es richtig, das Organisierte an der Bewegung der Moderne ebenso klar im Auge zu behalten wie das Spontane; aber es wäre nur verbohrte Entlarvungsschlauheit, zu meinen, man könne in diesen Dingen das Spontane gegen das Organisierte so ausspielen, als sei nur das Spontane authentisch und notwendig und das Organisierte überflüssig und hinzugemacht. In komplexen Prozessen, die kulturelle Symbolismen umformen, sind beide als unentbehrliche Komponenten des Gesamtereignisses ineinander verschlungen. Darum ist der Modernismus seinem historisch-kulturellen Eigensinn nach etwas radikal anderes als die Diktatur einer ästhetischen Einheitspartei, die immer recht hätte. Zwar besitzen Machtdiktate und Qualitätssprünge einen Berührungspunkt in ihrer Durchsetzungsenergie und zeigen eine äußerlich analoge Unwiderstehlichkeit, bleiben im wesentlichen aber unvergleichbar. Wien war nicht Moskau, Berlin nicht Havanna.

Wie erklärt sich jedoch das eigentümliche, zugleich exzessive und strenge Flair des frühen radikalen Modernismus – dieses ethisch-esoterische Klima, in dem aus Errungenschaften Erpressungen werden und aus Befreiungen zweite autoritäre Komplexe? Diese Frage ist hier nicht zu beantworten. Eine überzeugende Behandlung würde eine fundamentale Rekonstruktion der neuzeitlichen Kunst- und Kulturgeschichte voraussetzen. Sie müßte sich in Fragen versenken, von denen wir im Augenblick nicht einmal korrekt angeben könnten, wie sie gestellt werden müssen, um fruchtbare Forschung in Gang zu bringen. Es ginge dabei um nichts Geringeres als eine philosophische Ökologie der Künste im geistigen Haushalt der westlichen Gesellschaften seit dem Spätmittelalter. Nur in anspruchslos skizzenhafter Weise kann ich hier andeuten, worum es sich handelte, wenn der ästhetische Modernismus in seiner Durchbruchsperiode sich mit einem Pathos präsentierte, das man nur aus den Religionskriegen kannte. Warum wurde im Europa des frühen 20. Jahrhunderts an den Wendepunkten der Kunstgeschichte um ästhetische Fragen gerungen, als wäre Kunst sichtbare und hörbare Eschatologie? Wieso wurden ästhetische Alternativen mit einer Leidenschaft umkämpft, die sonst dem Streit um Letzte Dinge vorbehalten ist? Warum war Ornament Verbrechen? Warum war einer, dem ein trivialer Dreiklang unterlief, ein Überläufer zu den Lemuren? Kraft welcher Sensibilisierungen hörte die radikale Sprachkritik aus einem Satzzeichenfehler den Aufstand der Unterwelt heraus?

Eine Antwort hierauf von weit her anzudeuten, fällt schwer; man muß auf einen Vorgang hinweisen, den wir bis zur Stunde nur umrißhaft erkennen, da er in seiner Unabsehbarkeit und Großräumigkeit jede methodisch sicher zu handhabende Optik übersteigt. Man könnte ihn nennen: das Auseinanderbrechen des alteuropäischen Wahrheitsbegriffs. Wieder sehr grob gesprochen, meint dies, daß die drei Dimensionen des klassischen Wahrheitsraumes in unversöhnbare Richtungen auseinandertreiben. Das Wahre verliert tendenziell seine Beziehung zum Schönen und Guten, das Schöne emanzipiert sich mit grandiosem und bedrohlichem Eigensinn von Gutheit und Wahrheit, und das Gute wird vollends zu etwas, das zu schön wäre, um wahr zu sein. Man darf dieses Auseinanderstreben der klassischen Wahrheitskomponenten wohl nicht ausschließlich aufs Konto der Neuzeit schreiben. Wahrscheinlich war seit jeher in der Dreieinigkeit der alteuropäischen Wahrheitsidee ein zentrifugales Moment wirksam, das durch die Integrationsleidenschaft der großen Denker mühevoll in Schranken gehalten wurde. Sicher ist jedoch, daß mit dem Beginn der Neuzeit die Eigengesetzlichkeit der Dimensionen sich entfesselt hat. Diese Freisetzung führt zu einem fundamentalen Wandel dessen, was man bisher wahr, gut oder schön genannt hatte; die modernen Wirklichkeiten entgleiten zunehmend ihren alten Begriffen. Jedes von den dreien wird sehr viel mehr als in seiner bisherigen Seinsweise und zugleich sehr viel weniger; *mehr*, indem die losgelösten Bereiche des verwissenschaftlichen Wissens, des technisch-politischen Könnens und des ästhetischen Ausdrucks überwältigend an Umfang und Differenziertheit gewinnen; *weniger*, indem diese ins Unermeßliche gesteigerten Welten ihren Zusammenhang untereinander bis zur Beziehungslosigkeit verdünnen, so daß heute die glänzendste Einzelleistung des Wissens, des Könnens oder des ästhetischen Ausdrucks einen unaufholbaren Rückstand hinter den schlichtesten integralen »Wahrheiten« der alten Griechen, Inder oder Chinesen aufweist: denn das moderne Wahre ist tendenziell nur noch richtig oder konsequent; das moderne Gute nur noch nützlich oder erfolgreich; das moderne Schöne nur noch eindrucksvoll oder sinnfällig.

Die aktuelle Weltsituation hängt in einem Ausmaß, das

selten bedacht wird, mit dieser Explosion des klassischen Wahrheitsbegriffs zusammen – einer Explosion, die zunächst das moderne Europa von seiner eigenen mediterran-germanisch-slawischen Vergangenheit absprengte und in der Folge den gesamten Planeten in einen Veränderungstaumel stürzte, dessen Ende keiner absieht – es sei denn, er wäre ein Prophet der technologischen Apokalypse. Wahrheitsbegriffe sind nicht, wie harmlose oder geistfeindliche Gemüter annehmen, die Angelegenheiten weltabgewandter Philosophen. Sie sind die ontologischen Zentralnervensysteme der Zivilisationen; sie entscheiden über die Art und Weise, wie und ob Kulturen sich in außermenschliche Umwelten einfügen; sie bestimmen darüber, wie sich die Kulturen selbst symbolisch ordnen oder desorganisieren. Die Auslegung der Welt und die Strukturierung menschlichen Lebens sind voneinander untrennbar und über das vermittelt, was in einer Kultur als Wahrheitsfunktion in Kraft ist.

Dies mag erklären, warum ein Phänomen wie das Zerbrechen eines alten Wahrheitsbegriffs als zivilisatorisches Warnzeichen aufgefaßt werden kann. Die voranschreitende Desintegration der Wahrheitsdimensionen taucht alle Erfolge der Modernität ins Zwielicht des Unheimlichen; sie signalisiert, daß da etwas »aus den Fugen« gerät, daß etwas nicht mehr »stimmt«, daß alte Passungen nicht mehr gelten, daß etwas zerfällt, was in der einen oder anderen Weise gleichwohl zusammengehalten werden müßte.

Während sich die einen es in einer Kultur der »großartigen Einseitigkeiten« bequem zu machen versuchen, fühlen sich andere in eine Art von metaphysischem Alarm versetzt und zu neuartigen Bemühungen um Wiedervermittlung des Auseinandertreibenden provoziert. Solche vermittelnden Anstrengungen sind es, die während der vergangenen zweihundert Jahre die Geschichte europäischen Denkens bis in ihre Verästelungen bestimmt haben.

Wir nähern uns auf dieser Vogelflugbetrachtung dem Punkt, an dem die kulturökologische Funktion des Ästhetischen in der Moderne umrißhaft am Horizont erscheint. Es gibt prinzipiell drei Möglichkeiten, die zerborstene Dreidimensionalität des Wahren neu zu synthetisieren – drei Ausgangsorte für Ganzheitsreparaturen von jeweils einer der zerfallenen Sphären aus. Ein Denken, das sich von der Intuition führen läßt, daß auch in einer gesprengten Totalität Gesamtansichten lebenspraktisch unentbehrlich seien, kann das unmögliche Ganze aus der Sicht des Theoretischen, des Praktischen oder des Ästhetischen »in den Blick« zu fassen versuchen. *Cum grano salis* liefert diese dreifache Reparatur den Schlüssel zur Typologie moderner Weltanschauungen; diese haben entweder ein szientistisches, ein politisch-moralisches oder ein ästhetisch-artistisches Gepräge. Für alle Gebilde dieser Art ist es charakteristisch, daß der Teil das Ganze spielen muß und daß die bevorzugte Dimension den gesamten dreidimensionalen Raum des Wahren zu repräsentieren hat – nicht selten zum Unglück der Zusammenhänge. Seit dem frühen 19. Jahrhundert hört darum die Philosophie mehr und mehr auf, ihre superb weltfremden Monologe über das Weltganze zu spinnen. Sie wird ersetzt und überflutet von neo-synthetischen Versuchen, die zerstörte Ganzheit des Wahren von einer ihrer Dimensionen her zu restaurieren; die Gebilde, die dabei zutage kommen, besetzen eine Zone zwischen Ideologie und klassischer Philosophie; sie sind weder nur falsches Bewußtsein noch kurzerhand Erste Theorie, sondern Zwitter aus unvorhergesehenen Denkanreizen und modernen Nöten. Vermutlich beginnt unter ihrem Vorzeichen für das Denken eine Ära des entdeckenden Komponierens, der rationalen Mythopoiesis.

Der positivistische Szientismus, von Comte bis Carnap, verabsolutiert die wissenschaftlich zugerichtete Erkenntnisfunktion und verspricht Heilung der Weltmalaisen durch die sanitäre Leistung logischer Strenge und empirischer Unvoreingenommenheit bei der Erfassung des Wirklichen; den ethisch-metaphysischen und den ästhetischen Bereich wirft man, wie einen vernachlässigbaren Rest, einigermaßen sorglos auf den Müllhaufen des Ungenauen. Hingegen setzen liberale und marxistische Ideologen die Dimension des praktisch Richtigen absolut; sie machen sich daran, die Übel der Welt durch politökonomische, philanthropische und therapeutische Strategien zu eliminieren, wobei eine Dosis Zynismus in Wahrheitsfragen und eine resolute, man sagt auch realistische, Zurückstellung ästhetischer Momente in Kauf genommen werden. Der neuzeitliche Ästhetizismus wiederum – Nietzsches berüchtigte Formel von der ästhetischen Rechtfertigung des Lebens ist sein philosophisches Kennwort – verteidigt den Absolutismus des Wahren aus der ästhetischen Dimension. Der moderne Künstler, der sich auf seine Weise der Produktion von Wahrheit verschrieben hat, wird bereit sein, sich von den praktischen Herrschaften seine asoziale Verliebtheit in Formalismen und weltblindes Literatentum bestätigen zu lassen, sofern er sich nur seines besonderen Wahrheitszugangs gewiß ist: daß auch der neue Wissenschaftsglaube eine Barbarei und noch die moderne Praxeologie die Fortführung alter Brutalität mit neuen Mitteln seien, solange der Einzelne in ästhetischer Dumpfheit verbleibt; in dem Maß, wie das allgemeiner Befund ist, verwaltet die Kunst den beschädigten Sinn für Wahrheit und Unwahrheit des Ganzen. – Somit wird in ästhetischen Grundlagendiskussionen um mehr als ästhetische Einsätze gespielt. Wer über die Künste nicht in der Haltung des naiven Schöpfers, sondern in philosophischer Einstellung spricht – und die bedeutenden Köpfe des Modernismus haben dies getan –, dem geht es um Wahrheitsfragen und nicht um Formalitäten. Die Formalitäten *sind* dann Wahrheitsfragen im höchsten Wortsinn.

Das Gesagte könnte eine Vorstellung davon geben, aus welcher Notwendigkeit und mit welchem Recht die Programmatiker der ästhetischen Moderne eine pathetische Tonart angeschlagen haben. Sie sprachen, wie wir sehen, über letzte Fragen, weil die Erforschung des ästhetisch Richtigen und Zulässigen die des Guten und Wahren mittelbar in sich einschloß. Nicht umsonst trägt Arnold Schönbergs Aufsatz von 1925, in dem er die Atonalität zur Norm der Gegenwartsmusik erhebt, den Titel: *Gesinnung oder Erkenntnis*. Weil es um Erkenntnis geht, sind Gesichtspunkte der Gesinnung von untergeordneter

Bedeutung, um von denen der Opportunität und sozialen Zumutbarkeit zu schweigen. Das große Pathos legitimiert sich aus dem kryptophilosophischen Einsatz der Debatte.

Freilich läßt sich das Wahre mit Pathos allein nicht erzwingen, und es gibt Gründe, zu vermuten, die Väter der Moderne seien ihren eigenen Fragen und Ansprüchen weniger gerecht geworden, als sie selbst hofften. So wird zweite Reflexion fällig – eine, die der Selbstreflexion der Moderne nicht in den Rücken fällt, jedoch Klarheit sucht über deren blinde Flecke, Hypotheken und Pathologien. Im folgenden werden einige Belastungen und Deformationen, die dem Prozeß modernistischer Ästhetik mitgegeben sind, exemplarisch erwähnt – der Zuspitzung wegen nenne ich aufzählend: erstens die Innovationsdogmatik, zweitens die Interpretenherrschaft, drittens den hermeneutischen Moralismus und viertens die ästhetizistische Ausbeutung der Psychose.

In fast allen Punkten kann ich mich kurz fassen, die Phänomene sind jedem vertraut. Am wenigsten Worte muß man über den erstgenannten verlieren. Es ist Erblast und Dogma der Moderne zugleich, der permanenten Innovation das Wort zu reden; sie frönt dem wilden Wachstum, dem Originalitätsstreß und der Pflicht zur Differenz, mag diese Individualität und Sinn bezeugen oder nicht. Mit hohem Anspruch tritt das Phänomen auf, wenn der Innovationszwang sich auf avantgardistische Geschichtsphilosophien beruft; in flacheren Profilen, wenn der Formenkreisel einer modehaften und sportiven Logik folgt, angetrieben von Überbietungs- und Abwechslungszwängen des Kulturbetriebs. So wie die Bekleidungsmode nicht Kleider verkauft, sondern Unterschiede zwischen Kleidern, so liefern die Galerien von heute nicht so sehr Kunstwerke als angebliche Unterschiede zwischen Kunstwerken; dabei fällt auf, daß die Kategorie des Scheins sich nicht mehr auf die Differenz zwischen Werk und Wirklichkeit bezieht, sondern auf die zwischen einem Werk und all den anderen. Im Sog der ästhetischen Entropie wird alle Kunst zu einem Einerlei aus sich selbst herauskehrenden Differenzen, die in lärmender Koexistenz verschwimmen.

Von der zweiten Malaise, der Interpretenherrschaft, muß ebenfalls nicht viel gesagt werden. Sie gründet zum einen im hermetischen Charakter moderner Kunstprinzipien, zum anderen im pseudohermetischen Anteil zahlreicher Werke; deren Geheimnis ist oft kein anderes als das, das sie mit obskurem Mutwillen um sich verbreiten. Solche Kunst speist sich nicht aus einer authentischen Hermetik, die für sich selbst spräche und schwiege, sondern vom Seitenblick auf die Interpretation, die garantiert, daß das Unverständliche zum Allerverständlichsten aufrückt. So kommt es zu dem halb amüsanten, halb perversen Bündnis zwischen der Hermetik und der Hermeneutik, zwischen der Sprödigkeit der einen und der Willigkeit der anderen. Man ist an die Machenschaften einer trügerischen Theologie erinnert, von der Kant in einer Vorbemerkung zur *Kritik der reinen Vernunft* sagt, daß die einen den Bock melken und die anderen das Sieb darunter halten. Die einen verweigern die Aussage, die anderen erklären, was es bedeutet. Freilich ist die Arbeitsteilung zwischen Werk und Auslegung tieferen Ursprungs, sie spiegelt nicht nur die billige und willige Komplizenschaft zwischen Produktion und Verteilung. Weil die Werke selbst aus einer Weltlage hervorgehen, die durch das Auseinanderbrechen des integralen Wahrheitsbegriffs gekennzeichnet ist, entspringt ihre Interpretationsbedürftigkeit der verworrenen Ökologie der Teilwahrheiten. Sie wird nicht erst durch Interpreteneitelkeit heraufbeschworen. Das ändert nichts daran, daß die Interpretation sich allzuoft zum Nutznießer dieser großartigen Zwangslage aufschwingt. In ihrer kaum noch heimlichen Priorität über die Werke feiert die falsche Mittelbarkeit des Modernismus ihre lächerlichsten Siege. Es liegt im Interesse der Kunst, sich von der Vormundschaft der Deutung zu emanzipieren, nicht durch Flucht in falsche Unmittelbarkeiten, sondern indem sie Fähigkeiten der Selbstvermittlung aktiviert. Anders bliebe sie intellektuell unmündig und müßte auf immer Stellvertreter für sich sprechen lassen. Können Künstler nicht aufhören, Epileptikern zu gleichen, die nur mit Hilfe ihres hermeneutischen Blindenhundes über die Straße kommen?

Diese Verhältnisse sind nicht nur internen Schicksalen der Künste entsprungen. Für die Promotion der Auslegungskunst auf Kosten der Werke ist neben deren hermetischer Konstitution ein Mechanismus verantwortlich, der auf den ästhetischen Prozeß wie von außen zukommt. Wenn die Interpretation blüht und die Werke aus dem Schatten ihrer hermeneutischen Reklame kaum noch herausfinden, so geht dies weitgehend aufs Konto der modernen Philosophie – jener Philosophie eben, der die Wahrheit abhanden gekommen ist, weil es kein Ganzes gibt, von dem gesagt werden dürfte, es sei die geglückte Einheit von Wahrem, Gutem und Schönem. Philosophie heute braucht die Ästhetik, um auf dem Umweg über ästhetische Theorie sagen zu dürfen, was sie sagen müßte, wenn es noch »richtige Philosophie« gäbe. Ästhetik ist die Krücke, auf der sich eine unmögliche Philosophie durchs 20. Jahrhundert schleppt. Die philosophische Ästhetik ist zur Kryptoethik der Gegenwart geworden. Sie dient der Philosophie als Refugium, in dem ein archaischer Wahrheitsbegriff – als Vision des wahren Lebens – überwintert, ein Begriff, den kein moderner Philosoph mehr in direkter Intention zu lehren wagen würde. So fungiert von Schillers *Briefen über die ästhetische Erziehung des Menschengeschlechts* bis zu Adornos kunsttheoretischen Schriften die Ästhetik als Moral einer morallosen Welt und als letztes Wahrheitsorgan für einen epochalen Zustand, der von Wahrheit nur weiß, daß sie ein Vorurteil der Nervenschwachen ist.

Philosophische Aufladungen sind es, die der ästhetischen Theorie, besonders beim späten Heidegger, mehr noch bei seinem Kontrahenten Adorno einen verzweifelten Zug verleihen. Gerade in Adornos Lehre zeigt sich etwas, das man nur als Stellvertreterradikalismus begreifen kann. Weil die Philosophie aus eigenen Stücken nicht mehr radikal genug zu sein vermag, um ihren Begriff zu erfüllen, muß sie der Kunst ihre gescheiterte Mission aufbürden. Seit von der Philosophie keine Wiederherstellung eines integralen oder substantiellen Wahrheitsbegriffs mehr zu erwarten ist, fällt der Kunst die Aufgabe zu, auf einem Nebenschauplatz der Wahrheit das Äußerste zu wagen und zu retten, was nur symbolisch noch zu retten ist. Daher die monotone Beharrung Adornos darauf, daß Kunst allein in dem Maße wahr oder groß oder bedeutend sei, wie sie unnachgiebig, radikal und unversöhnlich den Versuchungen der falschen Welt widersteht. Denn offenkundig ist: wenn auch die Kunst, das letzte Exil der WAHRHEIT, sich von der desintegrierten Welt herumkriegen läßt, und wenn das Werk, sei es noch so zögernd, mit der heillosen Totalität gemeinsame Sache macht, dann ist die Philosophie am Ende, die am pathetischen Begriff der WAHRHEIT festhält. Nur radikale Kunst stützt eine ästhetische Theorie, die als Substitut für unmögliche radikale Philosophie auftritt. Kraft dieser Bündnisverhältnisse wird der ästhetische Radikalismus zum Garanten einer untergehenden Philosophieersatzphilosophie. Der anhaltlos gewordene philosophische Moralismus muß von der Kunst das Äußerste fordern; nur unversöhnliche und unbeirrte, von keinem Realismus gedemütigte Kunst kann die Restmoral einer Philosophie sein, die sehenden Auges an der Ethik verzweifelt.

Erst hier zeigt sich, wie die Interpretenherrschaft über den ästhetischen Prozeß bis in dessen Innerstes vordringt; sie verordnet akommunikative Radikalität als Moralitätsversprechen, Unversöhnlichkeit als Authentizitätskriterium und unnachgiebige Dissonanz als Wahrheitsgarantie.

Viele jüngere Künstler, besonders solche, die aus dem Bannkreis des deutschen Modernismus hervorgehen, verspüren längst etwas vom ersatzmoralischen Zwangsregiment dieser philosophischen Ästhetik und reagieren empfindlich gegen gewisse Dogmen der Altmoderne. Ob in begrifflicher Ausführung oder nervöser Irritation: sie verstehen, daß ihre Arbeit nicht am Gängelband philosophischer Kryptomoralen laufen muß. Nicht jeder, der gegen Konsonanztabus und Ungefälligkeitsverabredungen verstößt, ist darum schon ein Mitläufer der falschen Totalität. Vom Verhängnis der Welt kann man heute wie früher auf sehr verschiedene Weise wissen. Keineswegs ist solches Wissen ästhetisch *a priori* der Dissonanzpflicht unterworfen. Der modernistische Primat der Dissonanz hängt mit einer Weltauslegung zusammen, die einen ästhetischen Ausdruck nur dann als wahren gelten lassen kann, wenn dieser, unnachgiebig verstörend, sich dem zerrissenen Sein angleicht. Eine herausragende Passage von Adornos *Philosophie der neuen Musik* verfügt, daß authentische Kunst nur sein könne, was der Wahrheit über jene falsche Wirklichkeit im Ausdruck »unverklärten Leidens« an ihr standhält. Daß dies ein nobles und tiefes Konzept ist, läßt sich ebensowenig leugnen wie die Tatsache, daß es durch seine Einseitigkeit die Gründe seines Scheiterns in sich trägt.

Mit dem kunsthermeneutischen Moralismus ist die ästhetizistische Ausbeutung der Psychose eng verwandt. Gewiß kann niemandem entgangen sein, daß große Kunst oft in der Nähe höchster psychischer Gefährdung entsteht. Seit Lombroso, Lange-Eichbaum und andere dem kunstpsychiatrischen Spießertum die Argumente geliefert haben, gehört die Liaison von Genie und Wahnsinn zu den Vorzugsthemen einer Psychologie, die sich um so mehr für die Personen interessiert, je weniger sie von ihrem Werk begreift. Das hier zur Diskussion stehende Phänomen ist in seinem psychodynamischen Gehalt jedoch unheimlicher und in seinen philosophischen Implikationen komplexer als der höhere Klatsch der Künstlerpsychologie. Daß Künstler häufig Opfer übler sozialer Verhältnisse sind, die in ihren Werken kompensiert oder widergespiegelt erscheinen, ist ein vergleichsweise banaler, wenn auch trister Tatbestand. Vertiginöse Aussichten eröffnen sich aber, wenn die Kunst selbst auf Gefahr ausgeht und die Alienation – den Sog von Wahnsinn und Entfremdung – zu ihrem Element macht. Es gelingt ihr dies nur in einem Klima, das die schwarze Romantik der Psychose nährt; in dieser findet das Leiden seine Antwort nicht mehr in Heilungsversuchen – sei es, weil man nicht mehr kann, sei es, weil man nicht mehr will oder nicht mehr daran glaubt. Vielmehr kuriert sich das leidende Bewußtsein durch einen Todessprung ins Unheilvolle, indem es diesem, nach dem Ausdruck von Marx, seine eigene Melodie vorzuspielen beginnt. Erscheinen die gegebenen Verhältnisse als irdische Hölle, so werden die Melodien, die man ihr vorspielt, nicht nur Widerspiegelungen sein, sondern infernalische Wettbewerbe mit dem Äußersten. In dieser fatalen Mimesis, die sich als höchste Kritik in die Verhältnisse wirft, bewährt sich die Freiheit der Kunst darin, daß sie nicht durchwegs passives Opfer bleibt, sondern mit quasi-psychotischer Ironie sich als Selbstopfer darbringt. Solche Kunst will aufhören, an Kommunikation zu denken. In ihren Zuspitzungen wird nichts gesucht, was der Verständigung gleicht, sei es semantischer Konsens oder nervöse Resonanz; es geht in ihr um einen Wettlauf zwischen der Unerträglichkeit des Lebens und der Unerträglichkeit der Werke, die solchem Leben antworten; nicht um einen Austausch von Sinn, sondern um einen Abtausch von Schlägen; nicht um letzte Möglichkeiten der Konsonanz, sondern um ein letztes Gefecht der Dissonanzen. Sinnsuchende Deutungskünste haben hier nichts verloren; hier geht es um Hermeneutik der Hölle. Erst in diesem Zusammenhang bekommen die Vokabeln »brüchig, unversöhnlich, intransigent, unerbittlich, verweigernd, unnachgiebig« – die in Adornos Kunsttheorie eine so wesentliche Rolle spielen – ihren Gehalt. Unerbittlich ist für ihn die Kunst, die es mit dem Schlimmsten aufnimmt. Daher der grauenhafte und unter seinen Prämissen doch stimmige Satz aus der *Philosophie der neuen Musik*:

»Die Unmenschlichkeit der Kunst muß die der Welt überbieten um des Menschlichen willen.« (S. 126)

Zweifellos wird der *bon sens* eine solche These entweder für bösartig oder für verworren halten – und er wäre damit nicht ganz im Unrecht, wenn es sich um instrumentelle Zusammenhänge handelte und nicht um verschlungene symbolisch-mimetische Relationen. »Die Luftverschmutzung in den Versammlungslokalen der Ökologen muß die der allgemeinen Atmosphäre übertreffen um der Luftreinheit willen« – die Übersetzung von Adornos Satzschema in einen praktischen Zusammenhang würde sofort nur noch Nonsens ergeben. Aber es ist nicht auszuschließen, daß auch auf der symbolischen Ebene etwas Widersinniges bestehen bleibt – denn wer könnte scharf unterscheiden zwischen dem, was etwas bedeutet, und dem, was etwas bewirkt? Wird da der Negativitätsästhetik nicht zuviel zugetraut? Hält das Prinzip des Schocks solche dialektischen Verklärungen aus? Läuft das höllisch-mimetische Arrangement nicht darauf hinaus, daß Kunst, indem sie die Entfremdung ganz in sich aufnimmt und überbietet, das Schlimme mit dem Schlimmeren beantwortet? Gibt Kunst auf den Wegen dieser verzweifelten Mimesis nicht ihre Chance preis, das Andere des Wirklichen zu sein, und resigniert dazu, »unerbittlich« das Gleiche zu werden? Erhellen die ästhetischen Schocks wirklich die düstere Welt? Adorno gab vor, dies geglaubt zu haben, mag es auch kaum denkbar scheinen, daß ein Individuum von seiner Denkkraft und Sensibilität dieser trostlosen Schocktherapie im Ernst Kredit gegeben habe. Plausibler ist es, mit einer strategischen Funktion der Rede vom Schock zu rechnen, als habe sich die Kunsttheorie mit ihrer Hilfe eine Hermeneutik der Rache ersonnen. Durch sie wird das Werk in seiner souveränen Sprödigkeit und undurchdringlichen Inkonzilianz der Wirklichkeit nicht nur kongenial oder koninfernalisch, sondern zahlt es ihr auch nach den Regeln der Kunst heim. Um das zu leisten, muß die Kunst, nach der Art zerstörter Kinderseelen, sich in Verweigerung versteifen und ihr Konsonanzverlangen so tief in sich vergraben, daß sie nur noch verdrehte Zeichen davon aussenden kann – gewidmet dem unwahrscheinlichen Verständnis einer ebenso

verlorenen Seele auf einem anderen exzentrischen Stern.
Eine Probe dieser Logik hat Adorno in seiner *Philosophie
der neuen Musik* an einer Stelle gegeben, die wegen ihrer
lyrischen Exzessivität und ihres aberwitzigen Denkrisi-
kos unvergleichlich ist:

»Die Schocks des Unverständlichen ... schlagen um.
Sie erhellen die sinnlose Welt. Dem opfert sich die neue
Musik. Alle Dunkelheit und Schuld hat sie auf sich genommen. All ihr Glück hat sie daran, das Unglück zu
erkennen; all ihre Schönheit, dem Schein des Schönen
sich zu versagen. Keiner will mit ihr etwas zu tun
haben ... Sie verhallt ungehört, ohne Echo ... Auf diese
Erfahrung hin ... ist die neue Musik spontan angelegt,
auf das absolute Vergessensein. Sie ist die wahre Flaschenpost.« (S. 126)

In diesen singulären Sätzen gibt Adorno etwas vom Geheimnis des dunklen Modernismus preis. Diesen bewegt
ein übermächtiger Zwang, der Welt mit unlösbaren Rätseln gegenüberzutreten, um ihr ganz zu entsprechen;
ihm wohnt etwas vom Geist des Labyrinthebauens inne.
Das dissonante Rätsel führt einen mimetischen Krieg
zwischen Werk und Welt.

Solches Denken gleicht einer negativen Theologie, mehr
noch einem esoterischen Messianismus, für den der Messias derjenige ist, der nicht kommt und unerkannt bliebe,
wenn er käme; am meisten aber der dunkelsten Spielart
von Gnosis, für welche die kreatürliche Welt das Reich
des absolut Heillosen darstellt. Psychodynamisch entspricht es den Autismen, mit denen manche der unglück-
lichsten Kinder ihrer Umwelt zeigen, daß sie ihr nichts

mehr zu zeigen haben. Im Kern der anspruchsvollsten Kunsttheorie der Moderne finden wir eine religiöse Passion – das artistische Sakrament eines musikalischen Selbstopfers. Das große Werk erlöst unbemerkt die Welt, indem es die unerträgliche Wahrheit über sie erträgt. Gleich dem Leiermann aus dem Schlußlied von Schuberts *Winterreise* wäre das große Kunstwerk der Moderne ein unerkennbarer Messias. Keiner sieht ihn an, keiner will ihn hören, und die Passanten knurren bei seinem Erscheinen – bis jener kommt, der fremd ausgezogen war, um am Ende zur Leier des Alten eine letzte Philosophie zu wagen. Der steile philosophierende Modernismus legt die neue Musik darauf fest, *musique maudite* zu sein. Jedes unerbittliche Werk wäre nach ihm die paradoxe Einheit aus Verfluchung und Erlösung; es müßte geradezu die Verfluchung suchen, um sich in dem Extrem zu halten, aus dem weniger als eine Erlösung nicht mehr herausführt.

Adornos Ästhetik zeugt von der Anstrengung, Kunst noch einmal als Medium der WAHRHEIT zu denken; dieses Denken emigriert aus der frivolen Zeit, die angesichts der Negativität das Vergessen wählt und die den fatal gesunden Weitermachern und indolenten Spezialisten den Vorzug gibt vor melancholischen Geistern, die das Ganze in seiner Verwüstung sehen. Die *Ästhetische Theorie* lebt von einer Überanstrengung, die ihr Geheimnis in Adornos einzigartiger philosophisch-artistischer Spannung besaß. Sobald die aufhört, extrem individuiertes Denken zu sein, und Schulsprache wird, zerfällt die Überanstrengung zur Unglaubwürdigkeit. Dieser Tatbestand charakterisiert die Adorno-Epigonen in Deutschland zu weiten Teilen. Zu einem Milieusignal degradiert, versickerte Adornos Negativismus in amusische Beleidigungsideologien, denen alles recht ist, womit man, gegen was auch immer, recht behalten kann. Von überanstrengter Dialektik, die auf der Höhe des Mißtrauens balancierte, blieb kaum mehr als dualistische Bequemlichkeit, Habilitationsneurose, Kritizismus auf dem Niveau erworbener Reflexe – der kritische Kritiker als der Letzte der Selbstgerechten. Was bei dem Meister die authentische Spur des verletzten Lebens im Denken war, verwandelte sich schnell in den Besitzstand einer kritischen Klasse, die an Indolenz hinter anderen Besitzenden in nichts zurücksteht und keine Hemmung kennt, sich beim verzweifelten Geist Untröstlichkeit zur Dekoration auszuborgen.

Dennoch braucht Adornos gnostische Flaschenpost nicht verloren zu sein. Man hat von den heute Vierzigjährigen sagen können, sie seien eine Generation, die die Flaschenpost der Kritischen Theorie aufgefunden und dramatisch entkorkt hat. Vielleicht ist die Post inzwischen bei denen in besseren Händen, die keinen Flaschenfetischismus treiben; in keinem Fall kann man von einer Flasche auf die Post schließen.

Eine Zen-Anekdote:

»Der Beamte Riko bat einmal den Meister Nansen, ihm das Problem mit der Gans in der Flasche zu erklären. ›Wenn man ein Gänseküken in eine Flasche steckt und es füttert, bis es ausgewachsen ist, wie kann man dann die Gans herausholen, ohne sie zu töten oder die Flasche zu zerbrechen?‹ Nansen klatschte kräftig in die Hände und rief: ›Riko!‹ – ›Ich bin hier, Meister‹, antwortete Riko erschreckt. ›Siehst du‹, sagte Nansen, ›die Gans ist draußen.‹«

III. Kopernikanische Mobilmachung und ptolemäische Abrüstung

> Es könnte sich eine seltsame Analogie daraus ergeben, daß das Okular auch des riesigsten Fernrohrs nicht größer sein darf als unser Auge.
>
> *Ludwig Wittgenstein*

Vom Ende der Einschüchterung durch Modernität war die Rede, von der Krise der Exklusivität ist zu sprechen. Postmodernismus bedeutet im Grunde nichts anderes als Postexklusivismus – nachdem der Modernismus seine exklusivistische Bewegung vollendet hat. Die Moderne hatte eine Dynamik entfesselt, die man als Abschaffung des Selbstverständlichen bezeichnen könnte. Kraft ihrer Erfolge versteht sich alles, was selbstverständlich sein will, nicht mehr von selbst. Der Modernismus war eine Revolte gegen das Selbstverständliche, er war Exklusivismus in permanenter Bewegung und besaß in seiner Ausschließungskraft sein revolutionäres Prinzip. Für Selbstverständlichkeit ließe sich auch »Natürlichkeit« sagen oder Tradition oder Trägheit – oder irgendein anderes Wort, das sich zur Kennzeichnung von Verhältnissen eignet, in denen die Dinge im Schutz von Routine und Fraglosigkeit verbleiben und auf sich beruhen, ehe die Klinge der Reflexion sie trifft und aus ihrem ontologischen Schlaf reißt. Man darf sagen, daß die Modernisierung der Welt in ihren Metropolen nur wenige Verhältnisse unangetastet gelassen hat. Es gibt kaum noch etwas, was sich der Umwälzung der Selbstverständlichkeiten entzogen hätte. In diesem Jahrhundert hat die Ausrottung der reflexionslosen Bestände gründliche Arbeit geleistet und den Bewußtseinen moderne Reflexionsverfassungen aufgeprägt. Allerdings gibt es auch heute, ich weiß nicht woher, immer noch diese toten Seelen, die zur Zeit tun, als wären sie Neokonservative, um zu verbergen, daß sie alte Konserven sind. Wo sich aber der Modernismus mit seiner exklusivistischen Wirkung geltend gemacht hat, hat er alte Selbstverständlichkeiten aufklärerisch durchbrochen und die Prämissen einer postexklusivistischen Reflexion geschaffen; wo nicht, dort ist das Thema noch nicht einführbar, es sei denn reaktionär – wie es denn für reaktionäres Denken typisch ist, die zweite Reflexion zur Verhinderung der ersten aufzubieten.

Im Klima des authentischen und folgerichtigen Modernismus gibt es nichts Selbstverständliches mehr, außer dem, daß die Ausschließung des alten Selbstverständlichen zur neuen Selbstverständlichkeit wird. Jedem normativen Naturalismus wird eine Absage erteilt, Gewohnheitstitel treten außer Kraft, alte Rechte müssen sich sagen lassen, daß die Zeit ihrer unangefochtenen Geltung vorüber ist, alle Ursprungsvokabulare werden aus dem Verkehr gezogen und die alten Evidenzen argwöhnisch daraufhin überprüft, ob sie neue Usurpationen auf den Thron des selbstverständlich Herrschenden fördern könnten. Die Modernität gehört dem antiontologischen Affekt, Ursprung – nein danke. Wenn nun behauptet wird, Postmodernismus sei Postexklusivismus, dann wird nicht die Weltrevision durch die Moderne abgeblasen, sondern ein zweites Mal in Gang gesetzt, diesmal jedoch so, daß die exklusivistische Bewegung ihrerseits auf den Prüfstand zitiert wird. Die Modernität muß es sich gefallen lassen, daß man ihre eigenen Fragen noch einmal an sie richtet. Es handelt sich bei der zweiten Reflexion nicht um das denksportliche »Weiterfragen«, das häufig mit Philosophie verwechselt wird. Wenn die zweite Reflexion, postexklusivistisch, sich für das Selbstverständliche nach dem Ende der Selbstverständlichkeiten interessiert, dann deswegen, weil die moderne Welt mit den Folgen ihrer Aufbrüche fertig werden will – und sich in der Position des Zauberlehrlings vorfindet, der stärkere Geister beschworen hat, als sein eigener Geist erfaßt. Die Reflexivität dieser Fragen wird von der Struktur des Wirklichen vorgegeben – auch wenn es ungeübteren Gehirnen vorkommen könnte, als sei das alles nur intellektuelle Räkelei am Nachmittag eines sich selbst bespiegelnden Fauns. Es dürfte sich erweisen, daß luxurierende Selbstreflexion eine gute Vorschule für die Konfrontation mit den Problemstrukturen avancierter Zivilisationen ist. Konfrontation ist allerdings das unglücklichste Wort, das einem in diesem Zusammenhang einfallen kann, weil es eben nicht mehr um Frontverhaltensweisen geht, sondern um Verschraubungen oder Eskalationen, eher noch um Filiationen und Texturen, Verwicklungen und Verwebungen vielfädiger Prozesse. Man wird künftig nicht nur Computer nach Generationen staffeln, sondern auch Problematiken und Grade der Kulturtheorie. Aufklärung gibt es heute faktisch nur noch in Form von Arbeit an der zweiten, dritten Problemgeneration von Aufklärung – mag damit auch viel vom psychischen Komfort frühaufklärerischer Identifizierungen verlorengehen. Die Devise heißt, schwierig ist schön – Sie glauben das nicht? um so schlimmer –, und Affinität zu den Problemen besäße nur noch ein Denken, das sich inmitten von kochender Komplexität am wohlsten fühlt.

Postmodernismus ist also Postexklusivismus. Die These erscheint zum dritten Mal, doch werden Behauptungen durch Wiederholung bekanntlich nur geläufiger, nicht gültiger; es sei denn, Gültigkeit und Geläufigkeit hätten miteinander mehr gemein, als man nach rationaler Übereinkunft zugibt. Zu den Prinzipien des Exklusivismus gehört es, daß bloße Geläufigkeit ausgeschlossen wird, wenn es um Geltungsfragen geht. Wiederholung gilt nicht; das wiederholt die exklusive neue Musik ebenso wie die konventionsausschließende Rationalität, die auf der Unterscheidung zwischen Wiederholungen und Begründungen beharrt. Diesem vernünftigen Spruch müssen wir uns fügen. Wir wollen also in Gottes Namen – nein, im Namen einer besser akkreditierten Instanz, sagen wir, der Vernunft oder der Erfahrung – begründen, was bisher nur wiederholt wurde, damit sich die nächste Wiederholung auf eine Begründung stützen kann, die wiederholungswürdiger ist als die drei bisherigen selbstherrlichen Wiederholungen. Wir suchen für den Satz, Postmodernismus sei Postexklusivismus, eine Begründung, die seine späteren Wiederholungen legitimieren wird. Somit muß jetzt in die nur geläufigen trägen Wiederholungen eine inkohative Episode ursprünglicher Argumentation eingesprengt werden, einer Argumentation, die mit sich selbst beginnt und die Kraft zu dem Anspruch findet, die gültige Rede (von) der begriffenen Sache selbst zu sein. Angenommen, Sie halten das nicht für rhetorische Tändelei; unterstellen wir, Sie wollten die Denkbewegung dieser Sätze ernsthaft verfolgen: dann assistieren Sie einem Augenblick genuiner Ursprungsphilosophie. Einem Denken, das richtig anfangen will, geht es um nichts anderes als um den Ausbruch aus den bloßen Wiederholungen zugunsten eines organisierten Diskurses von Begründungen, die von nun an wiederholbarer und wahrheitsmächtiger sein sollen als die dubiosen wiederholten Geschichten, die bisher unser Bewußtsein ausfüllten. Was man den Übergang vom Mythos zum Logos nennt, ist eben dies, inmitten eines Geschichtenerzählens und Daherredens, das schon so lange im Gang ist, daß niemand mehr weiß, wer damit angefangen hat und mit welchem Recht man sagt, was man sagt, passiert mit einem Mal etwas, das der Wiederholbarkeit der alten Geschichten in die Quere kommt. Dieses »Ereignis« erzwingt einen Neubeginn des Redens, nun aber so, daß die neue Rede als Anti-Erzählung, als Nicht-Mythos auftritt, somit als Argumentation, die den doxischen Wiederholungen den Garaus macht. Indem es die träge Wiederholung eingespielter Reden verwirft, beansprucht das neue Wort zugleich, das ursprüngliche zu sein und an die Anfänge selbst zu rühren. Die Ursprungsrationalität bricht in den Alltag des mythisch-repetitiven Geredes ein wie ein ontologischer Kehraus: Ende der Redensarten, Anfang des Wissens.

Wie man sieht, verhält sich das Wissen zu den Geschichten und Redensarten etwa wie ein blinder Passagier, der auf hoher See an Deck kommt und beweist, daß die Fahrt von jetzt an vernünftigerweise unter keinem anderen Kommando stehen kann als unter seinem. Das leuchtet allen ein, die einleuchtenden Argumenten zugänglich sind, und das Wissen wird Kapitän. Nach seiner Ernennung stellt sich heraus, daß das Wissen, wenn es solide argumentiert, selbst nicht wissen kann, wohin die Fahrt gehen soll, weil es zur Struktur des redlichen Wissens gehört, sich von Aussagen über Ziele zurückzuhalten. Ziele gibt es bekanntlich nur in den Geschichten, von deren dubioser Qualität uns das Wissen überzeugt hat. Aber was tun auf hoher See? Was liegt näher, als daß sich das Wissen mit den alten Geschichten im Zug von anstrengenden Verhandlungen auf neue Geschichten mit rationalisierten Zielaussagen einigt – Aussagen natürlich, die von ein wenig mythischem Flimmer umgeben bleiben, über Ziele Als-Ob und fragliche Kurse. Darum haben solche Zielaussagen wenig Aussicht auf ungestörte Wiederholung, weil, nach dem Muster der ersten rationalen Meuterei, wiederum mitten auf stürmischem Ozean, ganze Subkulturen von blinden Passagieren an Deck klettern werden, die schwarze Fahne des logischen Anarchismus über ihren Köpfen, und beteuern, daß ihnen die rationalisierte Geschichte keinen Eindruck macht.

Diese zweite Meuterei des wilden Logos ist es, die die aktuelle philosophische Situation Europas in eine fabelhafte Turbulenz versetzt. Es handelt sich dabei nicht, wie oft vermutet wird, um den Einbruch von illogischen oder irrationalen Bewegungen, vielmehr um ein zweites Aufbrechen der Kräfte, die einst den Ersten Logos gestiftet hatten. Seit Nietzsche revoltiert der radikale Logos, der Mythen abbricht, gegen den Logos, der selber zum exklusiven Mythos geworden war. Darum erlebt die Gegenwart keineswegs eine Zeit geistiger Stagnation, wie die Stagnierten behaupten, sondern die erregendste Epoche des Denkens seit der Antike.

Doch nun zur Sache. Leider ist das nicht möglich, die Sache war schon da, und wir kommen nicht zu ihr, ohne noch einmal zu wiederholen, was verdächtig und unsachlich oft bereits gesagt wurde: der Postmodernismus ist ein Postexklusivismus, *e basta*. Doch was heißt das? Wer *basta* sagt, sollte angeben können, zu welcher Geschichte es das Schlußwort ist. Welchen Anfang wird diese Geschichte haben, und wie soll sie üblicherweise erzählt werden? Von diesem Anfang muß jetzt die Rede sein, auf die Gefahr hin, daß uns ein blinder Passagier beweist, daß dieser Anfang ein Märchen ist, weil es einen »anderen Anfang« gibt, der uns entging, ihm jedoch nicht. Man weiß nicht mehr, was gefährlicher ist, das bloße Wiederholen von Redensarten oder das ernsthaft begründende Denken. Trotzdem – umgeben von Gefahren – wollen wir jetzt begründen, warum der Postmodernismus ein Postexklusivismus ist.

Es gehört zu den Selbstverständlichkeiten der Erzählungen von der Neuzeit, ein Kapitel dem Astronomen Nikolaus Kopernikus zu widmen, der ein neues Weltbild, das kopernikanische, geschaffen und das alte ptolemäische außer Kraft gesetzt hat. Dieser Selbstverständlichkeit bleibt auch unser Begründungsversuch treu. Kopernikus habe, so sagt man und so wiederholen wir es, mit seinem Buch über die Himmlischen Revolutionen, das im Todesjahr des Autors 1543 erschien, die bedeutendste irdische Revolution ausgelöst, da er in diesem Werk, das sich auf mathematische Berechnungen und empirische Beobachtungen stützte, den Beweis lieferte, daß die Erde nicht im Zentrum des Weltalls steht, wie das christliche Zeitalter glaubte, sondern daß sie ein kleiner Wandelstern ist, der nach geometrisch-physikalischen Gesetzen durch ein leeres Weltall zieht. Bis heute ist der kopernikanische Schock nicht abgeklungen, und die kosmologische Dezentrierung der Erde setzt sich fort in einer Flut von kühnen Einsichten in die Struktur von Materie und Universum. Dennoch läßt sich behaupten, daß die Pointe der kopernikanischen Wende nicht eigentlich auf physikalisch-kosmologischem Gebiet liegt. Gewiß war es für einen gewissen Gattungsnarzißmus kränkend, wenn man der Heimat des Menschen ihre Position im Zentrum des Weltalls absprach. Aber auch unter der Prämisse, daß diese Kränkung verwunden werden könnte, bleibt von der kopernikanischen Aufklärung ein epistemologischer Nachgeschmack, den erst spätere Jahrhunderte auszukosten beginnen. Ich meine, daß die aktuellen Debatten über Aufklärung und Nachaufklärung, Moderne und Postmoderne Anzeichen dafür sind, daß wir im Ernst damit beginnen, die erkenntnistheoretische und kulturelle Rechnung des Kopernikanismus zu begleichen, und ob die logischen und irdischen Vermögen dafür ausreichen, ist äußerst ungewiß.

Worum geht es? Durch den kopernikanischen Schock wird uns demonstriert, daß wir die Welt nicht sehen, wie sie ist, sondern daß wir ihre »Wirklichkeit« gegen den Eindruck der Sinne denkend vorstellen müssen, um zu »begreifen«, was mit ihr der Fall ist. Da liegt das Dilemma: wenn die Sonne aufgeht, geht nicht die Sonne auf. Was die Augen sehen und was der astrophysisch informierte Verstand vorstellt, kann nicht mehr miteinander zur Deckung kommen. Die Erde wälzt sich im leeren Raum um sich selbst nach vorn, wobei der irreführende Eindruck entsteht, wir sähen die Sonne aufgehen. Solange das Universum besteht, gab es noch keinen Sonnenaufgang, sondern nur sture Erdumdrehungen, und dieser Befund wird nicht tröstlicher dadurch, daß wir aufgrund radioastronomischer und anderer Messungen zu der Vorstellung gezwungen sind, daß es vor einem Zeitpunkt t_x weder die Sonne noch die Erde noch Augen gegeben hat, um deren Konstellationen zu sehen. Dann wären nicht nur die Sonnenaufgänge, sondern auch die Voraussetzungen des Scheins von Sonnenaufgängen in einem kosmischen Noch-Nicht verschwunden. Der augenscheinliche Sonnenaufgang verliert sich in einer mehrfachen Nichtigkeit, sobald wir den ptolemäischen »Schein« zugunsten kopernikanisch organisierter Vorstellungen von »Wirklichkeit« aufgeben. Radikaler als jedes metaphysische Vorstellen von »Wesenswelten« dementiert das moderne physikalische Vorstellen der Körperwelt den »Schein der Sinne«.

In einer solchen mehrfachen Verflüchtigung findet sich das zeitgenössische Denken vor. Zuerst wird den Sinneseindrücken durch eine empirisch-analytische Rekonstruktion des Vorstellens ihr Halt im Sosein der Dinge entzogen; sodann wird dem wissenschaftlichen Vorstellen durch radikale Grundlagenforschung seinerseits die Verankerung in naiven Paradigmen des Vorstellens geraubt – bis ein Zustand theoretischer Bodenlosigkeit erreicht ist, in dem der freie Fall des Denkens durch das vorgestellte Seiende konstant wird. Kopernikanismus meint in erkenntnistheoretischer Hinsicht die progressive Entsubstantialisierung aller naiven, ptolemäischen Verhältnisse. Postmodernismus kann philosophisch nichts anderes bedeuten als eine Untersuchung der Konstanten des freien Falls unter den Prämissen moderner Unnaivität. Denken in postmoderner Position ist eines, dem aufgeht, was es in letzter Konsequenz heißt, nach Kopernikus Welt vorzustellen. Postmodernismus ist Postkopernikanismus.

Mit dieser Aussage ist das Pensum aber nicht erfüllt, da ungeklärt blieb, was beide mit Postexklusivismus zu tun haben.

Kopernikus war es, der mit der neuzeitlichen Exklusion des kosmologisch Selbstverständlichen begonnen hat. Was durch Weltalter hindurch in ptolemäischer Trägheit für unverrückbar gegeben gehalten wurde, versteht sich nun nicht mehr von selbst und muß als ihrerseits erklärungsbedürftige Täuschung verstanden werden. Die ptolemäische Sicht ist als Schein begriffen, jedoch nicht als beliebiger, sondern als hartnäckiger Schein, der uns mit der Imposanz eines unwiderstehlichen Trugs einleuchtet. In seiner Unwiderstehlichkeit funkelt die Ironie eines unvermeidlichen und sozusagen wahren Irrtums. Das Merkwürdige an der kopernikanischen Aufklärung ist ja: auch wenn wir wissen, daß wir es mit einer Erdumdrehung zu tun haben, sehen wir, sofern wir früh genug auf sind, auch nach Kopernikus den Sonnenaufgang in seiner archaischen Schönheit und erhabenen Ereignishaftigkeit. So wären vielleicht Sonnenaufgänge die natürlichen Alliierten von postmoderner Ästhetik und Philosophie?*

Doch die alte kosmische Allianz zwischen Auge und Sonne ändert nichts daran, daß der Kopernikanismus auf seinem Kurs zur vorstellenden Destruktion des Selbstverständlichen unaufhaltsam weiterschreitet. Auf sämtlichen Gebieten breitet sich in der Moderne die kopernikanische Schockwelle aus. Nicht ohne Grund wurde die kantische Philosophie der Subjektivität eine kopernikanische Wende des Denkens genannt. Mit ihr wendete sich die Macht kritischen Vorstellens nach innen und revolutionierte die überkommenen Ideen über die Ideen. Nach der *Kritik der reinen Vernunft* mußte die Philosophie auf ihre ptolemäischen Trugbilder verzichten und mit kopernikanischen Reflexionsbrillen zu sehen beginnen – wie mühevoll das auch sein mochte. Sie hatte es zu erlernen, ihre unvermeidlichen Selbsttäuschungen zu durchschauen und zu den Weltbildern auf Distanz zu gehen, die solche Täuschungen zur Voraussetzung haben. So führt auch der philosophische Modernismus einen kritizistischen Feldzug gegen ptolemäische Mythen mit

* Ich verweise auf das eindrucksvolle Buch von Hermann Timm, *Das Weltquadrat. Eine religiöse Kosmologie*, Gütersloh 1985, das eine »kosmoästhetische« Besinnung auf Strukturen elementarer Wirklichkeitserfahrung postuliert.

ihrem naturalen Blendwerk, ihren trügerischen Analogien und ihren weltverklärenden Metaphern.

In weitgehender Parallele zur kantischen Revolution der Denkungsart haben die modernen Tiefenpsychologien von Mesmer und Puységur über Freud und Jung bis zu Grof und Erikson eine kopernikanische Wende gegen die ptolemäische Fiktion des selbsttransparenten Bewußtseins zuwege gebracht und gezeigt, wie die Realität unbewußter mentaler Mechanismen den Selbstbewußtseinen vorgeordnet ist. Radikalkopernikanischen Geist atmet auch die Entdeckung des Innsbrucker Endokrinologen Gerhard Crombach, der nach einer Meldung der Zeitschrift des Bundesverbandes der pharmazeutischen Industrie kürzlich nachgewiesen hat, daß Liebe eine chemische Verbindung mit der Bezeichnung Phenyläthylamin sei. Diese Substanz wird im limbischen System des Gehirns, der biologischen Fabrik der Gefühle, hergestellt und verstärkt ausgeschüttet, sobald ein Individuum sich zu »verlieben« glaubt. Phenyläthylamin gehört in die Gruppe der körpereigenen Rauschdrogen, die die Schwelle des rationalen Denkens erniedrigen. Somit ist die seit der Antike bekannte »Verrücktheit« von Verliebten im Sinne des modernen wissenschaftlichen Vorstellens befriedigend erklärt. Vermutlich wird man in späteren Jahrhunderten von einer durch Crombach ausgelösten kopernikanischen Wende der Erotik sprechen.

Bis wohin die kopernikanische Schockwelle reichen würde, läßt sich aber erst ahnen, sobald der ästhetische Modernismus auf den Plan tritt. Er bricht mit den Dogmen der ptolemäischen Künste, die sich auf die Nachahmung der Natur und sogenannte natürliche Harmonien gestützt hatten. Der ästhetische Modernismus verweigert die Unterstellung, daß es eine identifizierbare Natur gebe, die man nachahmen oder der man folgen könne. Er weiß, daß ein äonenalter ptolemäischer Illusionismus ein entsprechendes Kunstschaffen nach sich gezogen hat. Dieses mag artistisch und historisch höchsten Respekt verdienen, kann künftige Kunst aber nicht mehr auf sein Beispiel verpflichten. Wird die ptolemäische Täuschung fallengelassen, so eröffnen sich die unbetretenen Wunderwelten einer amimetischen kopernikanischen Ästhetik. Die Farben, die Töne, die Wörter, die Figuren wagen sich in den leeren Raum eines neuen Vorstellens hinaus und klingen dort mit der Gewalt des Zum-ersten-Mal. Es ist, als ob die Geschichte der Kunst noch einmal von vorn begänne, ja nicht nur noch einmal, sondern allen Ernstes so von vorn, als habe es nie zuvor Kunst gegeben. Es ereignet sich tatsächlich nicht weniger als ein Anfang, ein Aufbrechen von Neuheit inmitten gewohnter Entwicklungen, ein katastrophischer Sprung jenseits kontinuierlicher Verläufe. Wer vom Wunder dieses Anfangs nichts verspürt hat, der ist kein Zeitgenosse des 20. Jahrhunderts, kein Kopernikaner, kein Moderner im qualitativen Wortsinn. Die ästhetische Moderne ist im wesentlichen radikaler Kopernikanismus. Mit Begeisterung nimmt sie das Risiko der Dezentrierung auf sich, sie stürzt sich in das Abenteuer transmimetischer »autonomer« Konstruktion und antiptolemäischer Synthese. Es ist nicht nur Übertreibung im Spiel, wenn gesagt wurde, daß die

Kunst des 20. Jahrhunderts im Hinblick auf technische Freisetzungen und formale Erfindungen ergebnisreicher gewesen sei als die alte Kunstgeschichte Europas von Altamira bis Böcklin und von Orpheus bis Tschaikowski. Kopernikanisch-konstruktivistisch schreitet die ästhetische Moderne überall voran, wo sie gegen die ältesten Intuitionen ein neues Hören und Sehen wagt, das mit der Lizenz eines von »Augenschein« und »Naturklang« freigesetzten ästhetischen Vorstellens auftritt. Mit ihr beginnt das Abenteuer einer zweiten Sinnlichkeit, für die die Autorität des selbstverständlichen Scheins gebrochen ist. Krieg den Selbstverständlichkeiten! heißt nicht nur die Parole der kritischen Philosophie, sondern auch die der modernen Künste.

Diese Skizze muß man, glaube ich, nicht in Breite ausführen. Wer zeitgenössisch wahrnimmt, weiß, wie der Kopernikanismus in diesem Jahrhundert ästhetisch Geschichte gemacht hat, und nicht nur ästhetisch. Der Dezentrierungsschock erweist sich als allesdurchdringend und taucht, was Fokus, Pol, Evidenz und selbstbezügliche Mitte zu sein glaubte, ins Wellenmeer dezentrierter Turbulenzen. Als soziokultureller Modernismus wird er zur Revolution in Permanenz. Er löst die traditionellen Kulturen auf dem Planeten unwiderstehlich auf; er durchmischt alle bislang autochthonen Gestalten; er entfesselt »Produktivkräfte«, von denen Kopernikus nicht träumte; er entbindet in Künsten und Techniken Konstruktionspotentiale von so mirakulöser Komplexität, daß auch tapfere Altkopernikaner der Schwindel erfaßt; er beschleunigt Abläufe in einer Weise, die an physikalische Kettenreaktionen erinnert und sich einem Explosionspunkt zu nähern scheint. Niemand kann die Prozesse als ganze mehr überblicken, ja, es ist nicht einmal möglich, sich eine Übersicht über das reale Ausmaß ihrer Unübersichtlichkeit zu verschaffen. Es gibt also, nach dem quasi ptolemäischen sokratischen Nichtwissen, auch ein zeitgenössisches postsokratisches Nichtwissen, das nicht einmal mehr weiß, was es zu besagen hat, daß es nichts weiß – die kopernikanische Wende der informierten Ignoranz.

Um Sie nicht zu ermüden: könnten wir uns auf die Aussage einigen, daß die kopernikanische Exklusion des Selbstverständlichen sowohl die »wirkliche Welt« – was immer das sein mag – als auch die Welten in den Köpfen revolutioniert und durcheinandergewirbelt hat? Für diesen Effekt schlage ich eine Bezeichnung von ursprünglich militärischem Charakter vor: Mobilmachung.* Die kopernikanische Revolution bedeutet die Mobilmachung der Welt und der Weltbilder, bis an den Punkt, auf dem alles möglich wird. Man kann diesen Punkt nicht anders benennen als den des totalen Schwindels. Mit Schwindel blickt das moderne Vorstellen der Welt in sein eigenes Können. Nachdem die kopernikanischen Revolutionen die Erscheinungswelten in der Vorstellung vernichtet haben, können sie sich auch die reale Vernichtung des Vorgestellten vorstellen. Schwindel – im Sinn von *ver-*

---

* Damit verbindet sich eine Erinnerung an gewisse Intuitionen der »jungkonservativen« Gegenwartstheorie, insbesondere an den Dialog zwischen Heidegger und Jünger, dessen Anregungen noch weit davon entfernt sind, ausgeschöpft zu sein.

tigo, nicht *illusio* – liegt in der logischen Konsequenz der kopernikanischen Mobilmachung selbst. Wenn es wahr ist, daß wir Wahrheit über die Welt nicht in dem finden, was wir in urpassiver Wahrnehmungseinstellung von ihr sehen, hören und fühlen, sondern daß wir sie jenseits der Sinnenzeugnisse vorstellen und wie eine ontologische Geheimschrift »lesen« müssen, dann liegt es im Wesen dieser Wahrheit, daß wir uns an ihr schwindlig denken. Wem nicht schwindlig ist, der ist nicht informiert. Je mehr man von kopernikanischen »Wahrheiten« weiß, desto schwindliger wird einem – von dieser Regel dürfte es wenige Ausnahmen geben.

Wer den Taumel dieser universalen Mobilmachung fühlt, ist ins Auge des modernen Zyklons geraten – an den Indifferenzpunkt zwischen Lob und Tadel der Phänomene, den Nullpunkt der universalen Ambivalenzen. Von der Macht des Schwindels erfaßt, sind wir mit den explosiven Verhältnissen zugleich solidarisch und überworfen; sind von ihnen durchdrungen und abgestoßen. Auf dem laufenden sein bedeutet: sich auf einer Höhe mit dem Unerträglichen bewegen, zugleich vom Unerträglichen wegdriften in eine Erleichterung, eine Nische, eine Hoffnung, eine kleine Blindheit – einen Zustand, in dem es vorläufig weitergeht. Aus den Nischen späht unser Denken, sorgenvoll und leichtsinnig, in die Wirbel hinaus, auf die es keine »kritische« Aussicht mehr gäbe, hätte uns ihre Unerträglichkeit schon ganz in sich gerissen.

Wem vom modernen Vorstellen der Welt restlos schwindlig geworden ist, könnte mit einem Mal bemerken, daß in dem kopernikanischen Zeitgenossen der ewige Ptolemäer noch am Leben ist; für diesen hat die Welt des alten Scheins nie aufgehört, eine Heimat zu sein – ein sinnliches Zuhause. Sie ist für ihn die langsamere Ordnung aus Synchronien zwischen Leib und Erde geblieben, aus Proportionen zwischen Gesten und Wirklichkeiten. Der Ptolemäer bewegt sich im zuverlässigen Betrug der alten Schemata, so wie sie uns über die Beschaffenheit der Welt vor der kopernikanischen Verwirbelung informiert hatten. Und wenn es für die Bewohner explosiver Systeme von Bedeutung ist, sich Reste leiblich-ästhetischer Orientierung zu bewahren, dann ist für sie eine ptolemäische Bewußtwerdung an der Zeit. Den bewußten Rückgang aus dem kopernikanischen Vorstellungswirbel in die alt-neue Wahrnehmungseinstellung nenne ich die »ptolemäische Abrüstung«. Auch diesmal verwende ich einen Ausdruck aus der militärischen Sphäre, weil es sich beim Prozeß der Moderne im ganzen ohne Zweifel um eine Art Krieg handelt, um Rüstung, Manöver, Drill, Mobilmachung mit der Aussicht auf »Verwirklichung« der Potentiale in einem Letzten Gefecht. Ich reklamiere den Begriff der Abrüstung für eine alternative Kulturtheorie, nachdem sich gezeigt hat, daß die kopernikanischen Bestimmungen von Kultur bis in ihr grundbegriffliches Gewebe von Aufrüstungskategorien durchschossen sind. Wenn Kulturtheorie in der Postmoderne nur noch als kritische Theorie der Mobilmachung möglich ist, dann müssen die Erfolge der kopernikanischen Moderne aufrüstungsskeptisch neu gewertet werden. Für die ästhetische Theorie zeitigt das eine weitreichende Konsequenz: ihr Hauptbegriff kann nicht mehr *Kreativität*, sondern muß *Wahrnehmung* lauten. Dabei zerfällt der Mythos der Kreativität in die sensiblen Schalen und den brutalen Kern – den Wutkern des nihilistischen Angriffs, der in allen Mobilisierungsgewalten gärt. Erst nachdem der Kreativismus gestürzt ist, kann die ästhetische Theorie werden, was sie in der werkwütigen Moderne nicht sein durfte: Schule der Wahrnehmung, Lehre von Abrüstung, Anleitung zum Allgemeinen Komponieren, Kunst des Umgangs mit Kunst, Technik der Entbrutalisierung der Technik, ästhetische Ökonomie, Logik der Schonung, Wissenschaft vom Unterlassen.

Wenn der Kopernikanismus den Punkt des totalen Schwindels erreicht; wenn er das Unerträgliche in Form der strategischen, informatischen, industriellen und kognitiven Weltverdampfung freisetzt, dann wird die kopernikanische Wahrheit unwahrer als die ptolemäische Illusion. Die Zentrifugalkräfte sind heute an allen Fronten der modernisierenden Mobilmachung im Begriff, ihren Gegenhalt in alten Schwerkräften zu verlieren. Ihre größten Triumphe feiert die Moderne im Widersinn ihrer Ergebnisse. Die Hilflosigkeit der Zivilisationsbürger gegenüber ihrem eigenen Entwicklungstaumel hat die Hilflosigkeit des Frühmenschen vor gnadenlosen Umwelten eingeholt. In den modernen informationsbespülten Köpfen sind Zustände aufgetreten, neben denen die alte Unwissenheit von kristallener Klarheit war. Die Maßnahmen zur Sicherheit der Völker verwandeln die Menschheit in ein Todeskommando, eine Zwangsgemeinschaft mörderischer Erpressungen. Demokratie scheint vielerorts nur ein Tarnname für die Modernisierung der Ohnmacht zu sein. Autonomie und Verzweiflung sind Synonyme geworden.

Im Zeichen von globaler Ambivalenz und Kontraproduktivität entsteht ein neuartiges Ringen zwischen ptolemäischen und kopernikanischen Elementen in der Kultur, und nicht zum ersten Mal hat die Kunst in diesen Dingen vorausfühlende Kraft. Auch heute sind es Künstler, die früher als viele Zeitgenossen verspüren, was im Wahrheitshaushalt der Zivilisation vonnöten ist – nicht weil sie soziologische Studien treiben, sondern weil sie an ihren eigenen Regungen Kriterien ästhetischer Zeitgenossenschaft ablesen. Wenn nicht alles trügt, so melden die Sinne der Künstler jetzt vor allem ptolemäische Impulse, sie sprechen vom alten Schweren, vom unerleichterten Leben, vom Unvorgestellten, Dichten, Schmerzlichen, Singulären, von Sonnenaufgang und Erduntergang, von vergessenen Dingen.

Auch daher das Übermaß an Auferstehungen, die dem Kulturbetrieb des letzten Jahrzehnts die Stichworte gaben, lauter Wiederkehr, Renaissance, Zweites und Neo. Was in der letzten Zeit alles wiedergekehrt ist, könnte den unbeirrtesten Fortschrittsgläubigen an sich irre machen. Die fünfziger Jahre, das Tragische, der Mythos, die Heftigkeit, der Körper, die Unübersichtlichkeit, die Tonalität, der Büstenhalter, das Pathos, das Heilige, das Erhabene, der Straps, die Oper, das Ornament, die Intrige, Nietzsche, die Teleologie, die Zärtlichkeit, der Symbolbegriff, die Treue, der Sinn fürs Mögliche – man fragt sich, wo das alles in der Zwischenzeit war. An den meisten dieser Phänomene haftet ein modisches Flair, mehr noch, eine scheinbar konservative Aura – beides verfliegt, sobald man das Aufsteigen solcher Motive als Korrekturbewegung im kulturökologisch notwendigen Spiel kopernikanischer und ptolemäischer Mobilisierungs- und Demobilisierungsimpulse versteht.

Das Ptolemäertum sitzt tief in anthropologischen Residuen, an denen die Mobilmachungen abgleiten. Der Sonnenaufgang ist die Wahrheit der Augen trotz astrophysischer Vorstellung, der Eros bleibt die Wahrheit der Psyche trotz Lacanismus und Phenyläthylamin, gewisse morphologische Verhältnisse bleiben den Sinnen als ihre Wahrheitsformen eingeschrieben, mag auch kontra-intuitives Vorstellen und antimimetisches Konstruieren uns Welten an kopernikanischer Kalkulation, Kunst und Sinnlichkeit hinzuerobert haben. Der altavantgardistische Anspruch auf die völlige Mobilisierbarkeit des humanen Substrats erweist sich als abergläubisch, magisch und gewaltsam; und nicht immer geschieht es um des Menschlichen willen, wenn die Unmenschlichkeit der Welt von der der Kunst überboten wird. Es gibt, wie wir auch durch die Kunst der Gegenwart erfahren, eine Art von ptolemäischer Rationalität, eine Vernunft der Naivität, ein irreduzibles Recht der Phänomene, eine primäre Würde des Sonnenaufgangs, einen respektablen Ernst des Buchstäblichen, Flüchtigen, »Vordergründigen«. Wen Sorgen vor einem Rückfall in vorkantische Denkmuster nicht quälen, der dürfte sagen, daß die Welt gegen die Weltbilder wieder zu ihrem Recht kommt. Das Auge des Ptolemäers betrachtet kein Weltbild, weder ein ptolemäisches noch ein kopernikanisches; es läßt sich von der Welt die Welt zeigen. Da die Welt etwas ist, was sich in Grenzen von sich her zeigt, werden unsere auf sie zugehenden Organe bestätigt und geformt. Unser Organwissen von der Welt läßt sich durch das souveräne Sichzeigen und Sichverbergen weltlicher Wirklichkeiten informieren. Niemals traf dies mehr zu als in dieser Epoche, die sich durch die Wissenschaften ein neues Medium des Weltvorstellens erarbeitet hat. Denn wenn uns auch angesichts der mikro- und makrokosmologischen Ergebnisse der Naturforschung Hören und Sehen vergehen, so behalten Sehen und Hören im mesokosmischen Kontext ihre Bedeutung wie seit dem Augenblick, als der erste Mensch den Kopf hob, ja seit überhaupt Seh- und Hörorgane sich auf die Wirklichkeit von Klang- und Lichtwelten einließen. Aufs ganze gesehen vollzieht die postmoderne Ästhetik eine Rehabilitierung der mesokosmischen, lebensweltlich bewährten Sinnlichkeit angesichts der mobilisierenden Ästhetiken. Weil der Modernismus unwiderruflich dominiert, kann er es aushalten, durch eine zweite Reflexion und zweite Sensibilisierung auf seine Wirkungen hin befragt zu werden. Die Ästhetik der Mobilmachung muß sich vor einer Ästhetik der Schonung verantworten. Weil die mobilmachende Dezentrierung rast, ist nicht jede ästhetische oder philosophische Mimesis der Dezentrierung auch progressiv. Macht sich nicht etwas wie eine Rückständigkeit des nur Fortgeschrittenen bemerkbar? Geistern nicht schon die flottesten Inhumanitätskoketterien durch die Medien – begleitet von einer Neuen Mechanik, die mit Subjektlosigkeit prahlt?

Sollte es noch einen ernst zu nehmenden Tendenzbonus geben, so verschöbe er sich zur Zeit von kopernikanisch-modernistischen zu ptolemäisch-postmodernen Motiven. Nicht zufällig erproben Künstler heute von neuem abgetane Formen, Totgesagtes, Ausgeschlossenes, Peinliches – diesmal mit dem desperaten Anspruch, es seien mehr als Erprobungen, mehr als Techniken, vielmehr Urformen, Festsetzungen des »Seins«. Man wird sich darauf einrichten, daß Postmoderne nebenbei neue Apodiktizität liefert, wenn man auch hoffen darf, daß sie uns neue Endgültigkeiten erspart.

Hier und dort entkrampft sich eine hermetische Faust, als wolle sie die hoffnungslose Wirklichkeit nicht obendrein angreifen. Die Kunst entdeckt die Möglichkeiten wieder, für sich selbst zu sprechen. Es ist nicht mehr *a priori* eine Ehre, sich nicht zu erklären. Ich bin hier, beispielsweise, um ein gewisses Maß an Selbstvermittlung und Exoterik bemüht, obwohl es vom Stand der schriftstellerischen Mittel her längst möglich wäre, Sie mit Papierkugeln zu bewerfen oder Ihnen mit einem synthetischen Idiom aus Irish-English, Krimdeutsch und Bordellargentinisch die Dialektik von Sprachnot und Zeichenexplosion in der babylonischen Zivilisation gehirnerschütternd vorzuführen. Und selbst wenn ich als Lebendes Buch erschiene, Stirn und Brust tätowiert mit tintenblauen Sprengköpfen, Upanishaden und Kühltürmen, so wüßte die avancierte Buchkritik, was sie dazu zu sagen hat. Etwas jedoch suggeriert mir, ich sollte auf das Mögliche, Allzumögliche verzichten, etwas flüstert mir ein, das angemessenste Verhältnis zu modernistischer

Technik bestehe darin, Anwendungen zu unterlassen, sofern nicht die »Sachen selbst« sie fordern.

Das ist es. Die für die Diskussion entscheidenden Wörter sind so beiläufig gefallen, als wären sie nie die Schlüsselbegriffe moderner ästhetischer Theorie gewesen: unterlassen, verzichten. Man weiß seit langem, daß zum Verständnis ästhetischer Gebilde nicht nur die Fähigkeit gehört, ihre Formspannungen positiv nachzuvollziehen, sondern mehr noch die, zu spüren, worauf in den Werken verzichtet wird, was sie unterlassen, was sie sich verbieten, welchen Verlockungen sie ausweichen. Gebilde, die etwas taugen, stellen Abdrücke zwingender Unterlassungen dar; sie sind Systeme von signifikanten Hohlräumen. In diesen Dingen kann man noch heute von Adorno am meisten lernen. Seine Kunsttheorie kreist zu Recht um ein Phänomen, das nicht nur terminologisch auf die Religionswissenschaften verweist und nicht nur sprachliche Gemeinsamkeiten mit ritualistischen und magischen Reaktionen besitzt: das ästhetische Tabu. Ohne die Mächte des Tabus – im Hinblick auf unser Thema läßt es sich auch als nervöses Veto oder inkarnierte Exklusivität bezeichnen – hätte der Modernismus seine Durchdringungskraft nie gewinnen können. Wenn er sich in der westlichen Hemisphäre Geltung verschafft hat, dann auch aufgrund von viszeralen Verabredungen, an denen sich die Angehörigen der ästhetischen Avantgarden untereinander erkannten wie die Verschworenen einer artistischen Loge. Die Tabus halfen dem frühen Modernismus, das Maß an *esprit de corps* auszubilden, ohne das Revolutionen weder im Politischen noch im Symbolischen möglich sind. Was die alten Avantgarden bei allen Differenzen verband, war etwas wie ein anti-harmonistischer, anti-traditionalistischer, anti-konsonantischer Konsens; statt dessen sollte man – denn das Wort läßt an Verbalismus denken – *Konsonanz* sagen, denn was es meint, ist eine Tabugemeinschaft, die ihre tiefsten Aversionen der Diskussion entzieht. Das Tabu muß sich, seit jeher, seiner Geltung zuliebe, in den tiefsten Schichten des verkörperten Sinns festsetzen, um seine Macht ohne Umweg über Reflexion zu entfalten.

Die aktuelle Zermürbung des Exklusivismus macht vor den Tabus der alten Avantgarden nicht halt. Der anti-konsonantische Imperativ, der nicht nur musikalisch galt, verliert heute kraft einer zwingenden Prozeßlogik seine Starre und Zwangsgewalt. Dafür ist nicht nur die kulturindustrielle Gehirnerweichung verantwortlich und nicht nur die Amerikanische Krankheit (eine Art ästhetischer Immunschwäche, die durch Fernsehen und *fast aesthetics* verbreitet wird und die sich durch den Gebrauch von Elitepräservativen unzulänglich verhüten läßt). Wenn das Konsonanztabu sich löst und wenn diese Lösung sich theoretisiert, dann bezeugt dies einen Wandel des Tabus, eine Differenzierung im exklusiven Prinzip. Man muß deswegen nicht glauben, daß alles geht. Es ist nicht wahr, daß der ästhetische Laxismus vor der Machtergreifung steht, daß der Schwachsinn die Gleichberechtigung erkämpft hat. Mit resigniertem Pluralismus versteht man den Machtverfall des Exklusivismus nicht, man kommt mit ihm über ein diplomatisches Verhältnis zur neuen Vielheit nicht hinaus. Mir scheint, daß das Tabu selbst aus seinem archaischen Stadium heraustritt, sein rabiates, primitives, radikalexklusivistisches Wesen ablegt und die verpönten Dinge mit kühlerem Blick noch einmal betrachtet. Man könnte sagen, das Tabu wird erwachsen, es klärt sich ab zu einer unspektakulären Freiheit der Wahl und zu einem Weglassen ohne Pathos. Das erwachsene Tabu wäre eines, das seine Gewaltsamkeit verwindet und über seine infantilen Überlegenheitsgefühle hinauswächst, ohne zu vergessen, was der alte Widerwille meinte, aber auch ohne für immer im Priestergewand der Avantgarden herumzulaufen. Die magische Exklusivität hat sich verbraucht, die Schockreligion weckt keinen Glauben mehr. Wir wissen nun: Die Welt war stärker als ihre ästhetischen Überbieter; die Mimesis stirbt jetzt zum zweiten Mal. Die Mittel sind entfesselt, die kopernikanische Zentrifuge läuft, die Mobilmachungsmechanismen bringen die letzten Substantialitäten zum Tanzen, die Erdverdampfung ist im Gang – was will ein armer Altmoderner in dieser Supersause mit seinen Dissonanzen, seinen Schocks, seiner Unerbittlichkeit. Der mimetische Kunstkrieg war von vornherein verloren, die Wirklichkeit bleibt die souveränere Scheußlichkeit, die bestürzendere Enthüllung, die brutalere Nachahmung. Angesichts dessen dreht sich die Kunst des Weglassens noch einmal um sich selbst.

Eine Brecht-Anekdote könnte die neue Empfindungsweise illustrieren. Bei Proben zu einem seiner Stücke, ich denke, es war beim Berliner Ensemble, hatte ein Schauspieler einen Song auf der Gitarre zu begleiten. Mit Verblüffung hörte Brecht, daß die Töne der Gitarre nur eine sehr entfernte Idee der Komposition ergaben. Zur Rede gestellt, antwortete der Schauspieler: in dem Stück kommen sieben Akkorde vor, ich kann aber nur drei; doch schließlich spiele ich einen Arbeiter, das ist ein einfacher Mann, bei dem es unwahrscheinlich wäre, daß er Stücke mit sieben Akkorden kann. Daraufhin soll Brecht nachdenklich geworden sein und geantwortet haben: Also gut, lernen Sie die vier übrigen Akkorde hinzu und lassen Sie sie dann weg.

Spielt sich so etwas nicht heute im großen Maßstab ab? Bilden sich nicht neue Balancen zwischen dem Hinzugelernten und dem Weggelassenen aus, und lernen nicht Künstler, bei einiger Energie, so viel hinzu, daß man aus ihren Weglassungen hört, woran wir sind? Ist nicht bedeutende Kunst immer konkav? Was ihren Klang ausmacht, wird von dem bestimmt, was sie nicht mehr sagt.

Der deutsche Lyriker Karl Krolow hat vor wenigen Jahren eine Sammlung neuer Gedichte vorgelegt, in denen er nach jahrzehntelanger Abstinenz zum Reim zurückgekehrt ist. Ist der Dichter darum ein ästhetischer Reaktionär, der ein historisch unmögliches Stilmittel heraufzitiert? Gehört dies utopische Anklingen der Silben aufeinander zu einer ästhetischen Restauration, mit der die dissonante Welt hinweggelogen wird? Das Gegenteil ist wahr, und diese automatischen Fragen sind der Lüge verdächtiger als ihr Gegenstand. Aus Krolows wiedergefundenen Reimen redet die Gegenwart deutlicher als aus der unerbittlichsten Dissonantik. In der Gelungenheit und Unverhofftheit seiner leichten Verse spricht gegenweltliches Wissen über eine Welt, der man ihre eigene Me-

lodie nicht mehr vorspielen mag. Eines dieser Gedichte
lautet:

Ausgebucht

Der Mensch da, siehst du, der stiert,
der ist schon nicht mehr da –
die Kreditsumme reduziert,
der ist seiner Seele nah.

Der sucht sie unter dem Tisch
und findet nicht, was er sucht:
der Mann, den nichts erfrischt,
der hat schon ausgebucht.

Und seine Seele spannte
weit ihre Flügel aus –
da half auch der bekannte
Dichter ihm nicht mehr nach Haus.*

Der neue Lakonismus mit seinen Reimen und Rissen hält
die Wahrheit der Stunde auf der hohlen Hand. Er weiß,
was er nicht sagt. Das Minimum wird in ihm zum Maxi-
mum. Noch nie gab es soviel wegzulassen, noch nie
konnten so maßlose Potentiale in so einfachen Resten
nachzittern. Noch nie schlug das Gelingen einer kleinen
Zeile einen so großen Bogen um nahes Unheil. So große
Überspannungen standen noch nie so zerbrechlichen
Wesen bevor. Da geht etwas unter, man weiß nicht, ob nur

---

* Karl Krolow, *Herbstsonett mit Hegel. Gedichte, Lieder etc.*, Frankfurt a. M.
1981, S. 25.

die Sonne nach einem Tag wie jedem. Noch einmal sagt der wache Geist das Seine. Bestürzt sehen wir nach, welche Welt da abhanden kommt. Einige unglaubhafte Schönheiten vor Augen, zieht sich das Bewußtsein zusammen vor kommenden Verflüchtigungen.

IV. Tonalität als Neue Synthese

> Ehemals hatten die Philosophen Furcht vor den Sinnen:
> haben wir – diese Furcht vielleicht allzusehr verlernt? ...
> ›Wachs in den Ohren‹ war damals beinahe Bedingung des
> Philosophierens; ein echter Philosoph hörte das Leben
> nicht mehr, insofern Leben Musik ist, er *leugnete* die
> Musik des Lebens – es ist ein alter Philosophen-Aber-
> glaube, daß alle Musik Sirenen-Musik ist.
>
> Friedrich Nietzsche, *Die Fröhliche Wissenschaft*, Nr. 372

Eine Meditation über die Kunst des Weglassens wäre
nach Kriterien des Feuilletons ein brauchbarer Schluß gewesen, doch so einfach ist die Sache nicht. Was bisher vor-
getragen wurde, war ankündigungsgemäß ein Zugeständ-
nis an den Zeitgeist, eine Stimme im postmodernen
Lärm, Beteiligung am Spatzenkonzert über den Dächern
der Metropolen, günstigstenfalls eine Illustration der
Hypothese, daß Spatzenkonzerte ihr eigenes Metakon-
zert sind. Kann das alles sein? Ist damit der philosophische Kommentar zur Tonalität erschöpft? Kann dieser
nicht mehr tun, als mit Anleihen beim Schulvokabular
dem Zeitgeist nachzusprechen? Was bleibt von der Passion der Philosophie übrig, aus dem Durcheinander in
die Klarheit aufzusteigen und das haltlose Gerede mit
einem gültigen Wort auszustreichen? War anfänglich
nicht Philosophie eine Geste des Neubeginnens, des
Bruchs mit den umgebenden Sprachen? Sie war die Meu-

terei des Logos gegen die Doxa, sie setzte Argument gegen Geschwätz, Evidenz gegen Geläufigkeit, stabile Prinzipien gegen kursierende Geschichten. Die philosophische Akademie bildete ihren Geist nicht nur in der ekstasischen Selbstentdeckung der intelligiblen Welt; sie lebte auch vom Ekel gegen das Straßen- und Kantinengespräch. Sie war ein logisches Kloster, in das sich zurückzog, wen die Promiskuität auf den öffentlichen Plätzen abstieß. Ohne das Erlebnis des Selbstekels und ohne Sehnsucht nach reineren Bezirken konnte sich das Denken nicht zur Philosophie entschließen.

Nun haben wir es, wie jeder sieht, in den vorangehenden Abschnitten bunt getrieben, und das Gefühl kommt auf, daß es so nicht weitergehen kann. Der Überdruß ist so heftig, daß man ihn von Reue nicht unterscheidet. Außerdem hört man, die Freude sei groß in den Fakultäten über einen Feuilletonisten, der gesteht, daß er gesündigt hat. Man muß befürchten, daß Plinius Ziegenhals, wenn er einen Nachtrag zu seinem klassischen Werk *Das feuilletonistische Zeitalter* schreiben wollte, diesen Vortrag, wenn er beim Gesagten stehenbliebe, als Produkt der verblasenen Epoche mit strengem Urteil anführen würde, vermutlich sogar mit doppelter Strenge wegen seiner aufreizend selbstbewußten, sozusagen unbußfertigen feuilletonistischen Struktur. Um dem vorzubeugen, will ich zum Schluß einige seriöse Überlegungen anstellen und versuchen, den Maßstäben einer verantwortungsvolleren intellektuellen Disziplin zu genügen.

Wie kann das geschehen? Das Fundament für eine ernsthafte Erörterung der Probleme kann nur dort liegen, wo die Wissenschaften seit Jahrhunderten erfolgreich operieren: in der Verpflichtung auf Erfahrungswissen und im Bekenntnis zum rationalen Diskurs. Auf diese Weise zweifach versichert in Empirie und Logik, haben sich die modernen Wissenschaften in unüberschaubarer Vielfalt verzweigt. Die Zentralregel von Erfahrungswissenschaft ist eine, die man als Abstinenzregel bezeichnen könnte. Sie sagt, daß kritisches Denken sich hüten muß, in die Gegenstände etwas hineinzulegen, was ihrer »Natur« nicht entspricht. Nichts darf man in sie projizieren, nichts über sie postulieren, nichts vorwegnehmen und nichts vorherbestimmen, weil anders, nach den Spielregeln der analytischen Vernunft, aus ihrer Untersuchung nur herauskommen wird, was wir in sie hineingelegt haben – das kann der Sinn von weltoffenem, forschendem Denken nicht sein. Forschung heißt die Erfahrungsgesinnung, die sich von den »Dingen selbst« belehren lassen will. Hingegen legt es der logisch-argumentative Bereich der Wissenschaften ausdrücklich darauf an, analytisch, zirkulär, tautologisch, gleichsam gläsern zu bleiben; auch dies gehört zu den Garantien forschender Rationalität, weil nur dann, wenn der Diskurs seinen empirischen *input* nicht verändert, dieser in unverzerrter Klarheit uns erreichen kann. Wir schauen durch das empirische Fenster dann am unvoreingenommensten hinaus, wenn wir, bei strenger Enthaltsamkeit von Vorurteilen, die reinen Erscheinungen vor dem Auge der Forschung ankommen lassen.

Ich will nun nicht davon sprechen, wie diese Utopie des logischen Empirismus – die Utopie des neutralen Blicks, der eine fertige Welt liest –, philosophisch und methodologisch widerlegt worden ist. Kein seriöser Forscher glaubt mehr an die Ideologie der reinen Rezeptivität, der empirischen Unschuld; jedermann weiß inzwischen von den aktiven, eingreifenden, synthetischen, interferierenden Funktionen des Erkenntissubjekts. Trotz all dieser Revisionen kann Erfahrungswissenschaft aber nur dann bestehen, wenn ihre Zentralregel in Kraft bleibt, die Priorität der Dinge: wir dürfen nicht in *allen* Punkten vorwegnehmen wollen, wie es mit einer Sache steht. Damit Wissenschaft als forschende möglich bleibt, müssen wir ein empirisches Fenster offenlassen, ein Fenster auf den Ereignishof, auf dem etwas passiert oder sich erweist, was nicht durch Vorannahmen determiniert war. Was sich auf diesem »Hof« zeigt, nennen wir das Wirkliche, das Weltliche, das Andere – eben das, worum es den Realwissenschaften zu tun ist. Sobald wir alles vorwegnehmen, verlassen wir die Dimension Erfahrung und betreten den Bezirk des Selbstgemachten, des puren Glasperlenspiels. Wir fingen von da an nur noch selbstgeworfene Bälle und hätten keine Wirklichkeit als Gegenspielerin mehr. Sind die empirischen Fenster auf fremden Ereignisraum nicht offen, so besitzt unser Geist keine Außenbindung an ein substantielles Gegenüber, sondern bewegt sich homöostatisch im Zustand absoluter Selbstbefriedigung. Gewisse Philosophien haben dies tatsächlich als das Ziel wahrer Erkenntnisanstrengung gelehrt. Ich will hier die Frage, ob eine solche Homöostase und Selbstabschließung des Geistes nicht ebenso illusorisch ist wie der utopische Empirismus, auf sich beruhen lassen. Nur soviel ist anzumerken, daß die Idee der vollkommenen logischen Selbstbefriedigung weitaus weniger naiv ist als die empiristische Utopie; diese kann man mit zwei, drei Sätzen widerlegen, während die Utopie der Homöostase auf verwirrende Weise an Suggestivität gewinnt, je mehr man sich mit ihr befaßt – wäre es auch nur, um sie zu Fall zu bringen, gewissermaßen, als sei sie eine lernfähige Illusion, die ihre Stellung solange behauptet, wie ihr daran liegt, sie zu verteidigen.

Wie kommen wir nun aus dem an den Zeitgeist verfallenen Gerede heraus, um festen Boden zu gewinnen? Gibt es für uns noch eine Möglichkeit, vom Karussell der Vorurteile abzuspringen und mit den »Sachen selbst« wie von vorne anzufangen? Können wir noch eine Erfahrung nach dem Diktat der Dinge machen – oder werden wir ihnen durch unser vorurteilhaftes Denken immer schon zuvorgekommen sein? Man darf davon ausgehen, daß der naive Empirismus – als der Forscher den toten Mann spielte – überwunden ist zugunsten einer Methodologie der teilnehmenden Beobachtung. Nehmen wir diese ernst, so müssen wir uns Rechenschaft darüber ablegen, daß in diesem Beobachten wiederkehrt, was zu Beginn der seriösen Besinnung ausgeschlossen wurde – der interessierte, voreingenommene, projizierende, hineinlegende Faktor. Teilnehmen heißt nichts anderes, als schon mittendrin sein, schon gedacht haben, schon hineinlegen, was die Analyse wieder herausziehen wird, kurzum – teilnehmen ist nur ein trockenes Wort fürs Mitmachen in laufenden Spatzenkonzerten, mögen diese nun nicht auf den Dächern, sondern in Seminaren, Akademien, Studios und Laboratorien stattfinden. Teilnehmen ist das methodologisch gestelzte Wort fürs allgemeine Getriller, es bezeichnet die unvermeidlichen synthetischen Vorleistungen des Bewußtseins, das von sich überzeugt ist, sich auf wirkliche Welt eingelassen zu haben – oder vielmehr: in wirkliche Welt eingelassen zu sein. Diese Vorleistungen haben, wie gesagt, nur dann nicht den Charakter von autogener Fiktion und Glasperlenspiel, wenn sie ereignisoffen bleiben und der Welt, dem Wirklichen, Anderen, Unbekannten erlauben, in unsere Vorgriffe unvorhergesehene Differenzen einzubringen, Differenzen, für die wir den Begriff Erfahrung im anspruchsvollen Sinn benutzen. Erfahrbar sein heißt: auch anders sein können. Forschendes Denken zeichnet sich aus durch etwas, das man das Pathos der Differenz nennen könnte. Während es für bloßes Gerede, wissenschaftliches und nichtwissenschaftliches, typisch ist, vom Vorhandenen zu leben und keine wirkliche Neuheit und Andersheit zu sich einzulassen, möchte das weltoffene Denken aus dem selbstbezüglichen Einerlei des Geredes heraus und den Sachen das Wort erteilen, besser: das Wort zum Resonanzboden des Wirklichen machen. Die Sprache des forschenden Geistes will eine Rede des Anderen sein, keine Autologie, kein Spatzenkonzert, kein geschlossenes Spiel. Sie will dies auch und gerade dann, wenn bekannt wird, daß die Sachen selbst nicht so episch redefreudig sind, wie der naive Empirismus mit seiner Unterstellung geglaubt hatte, man könne sich von den Sachen *alles* sagen lassen. Inzwischen neigen wir eher zu der Ansicht, daß die »Sachen selbst« mit unseren Fragen an sie bis zur Ununterscheidbarkeit verwoben sind. Eines aber bleibt im forschenden Denken das ontologische Privileg der Dinge: Nur sie sagen dramatisch ja oder nein zu unseren Fragen an sie, nur sie treffen durch ihr So-oder-nicht-so-Sein die so simple wie rätselhafte Entscheidung darüber, ob etwas so ist, wie man unterstellt, oder nicht. Wo es Erfahrungswissenschaft gibt, haben die Dinge das letzte Wort beim Zutreffen und Nichtzutreffen unserer Annahmen über sie. Dieses Ja-Nein-Monopol der Dinge ist es, was sich bewahrheitet, wenn wir zum empirischen Fenster hinaussehen und die Vorgänge auf dem Ereignishof beobachten, hätten wir dabei auch die dicksten hypothetisch-antizipatorischen Brillen auf der Nase. Was da passiert, ist nie etwas ganz Unerhörtes, Unklassifizierbares, aber immer etwas von ontologischem Belang. Was passiert, ist das Ja und Nein der Dinge zu unseren Vorlagen – wenn sie sich der Stimme enthalten, so deutet dies darauf hin, daß unsere Fragen noch nicht bis ins Stadium der Ja-Nein-Förmigkeit ausgereift sind. Das Faszinierende am Prinzip Wirklichkeit, beziehungsweise am Prinzip realer Andersheit, besteht darin, daß man sie fragen kann, was immer man will; wenn nur die Frage selbst gut genug formuliert ist, wird sich herausstellen, daß die Wirklichkeit, die Sache, die Andersheit – oder wie man den Adressaten der Frage sonst nennen will – signifikante Antworten liefern wird, als wäre sie ein Brunnen des Wissens, in dem die Antworten auf alle richtig gestellten Fragen schlummern.

Die griechische Antike hat das Duell zwischen Wirklichkeit und Forschung in dem Mythos von Ödipus dramatisch festgehalten. Er erzählt von der Begegnung zwischen der Sphinx, die lächelnd lebensgefährliche Rätsel aufgibt, und dem Helden, der in einem Wagnis auf Leben und Tod die Rätselknoten zu lösen versucht. Härter als jede moderne Methodologie erinnert der Mythos daran, daß es im Wahrheitstrieb des forschenden Geistes um Sein oder Nichtsein geht, nicht um Denksport, nicht um Fakultätsidyllen und nicht um mentales Bodybuilding. In der Moderne hat sich, wie es scheint, jedoch die Szene umgekehrt. Nicht die Sphinx legt Fragen vor, die unser Scharfsinn bei Strafe des Untergangs lösen müßte, sondern wir formulieren, in sicherem Abstand vom sphinxhaften Prinzip Wirklichkeit, unsere zu Hypothesen entschärften Rätselfragen, und sie sagt ja oder nein dazu. Wir werden aber im folgenden sehen, daß die moderne Umkehrung von Frage und Antwort nur eine scheinbare ist – die konstitutive Lüge des modernen Wahrheitsmanagements – und daß es zuletzt auch heute die Sphinx ist, die uns mit einem Lächeln voll fataler Ironie die Fragen vorlegt, in dem sie uns in ein Forschen zwingt, das wir für ein »eigenes« halten, und daß auch heute noch die falschen Antworten die tödlichen sind.

Was haben wir mit diesen Überlegungen erreicht? Wie kommen wir von hier aus zu den Grundlagen eines Diskurses der »musikalischen Postmoderne«? Ist es nicht von weit hergeholt, wenn hier gesprochen wird, als ließe sich eine Brücke von der Kompositionstheorie zur »Ontologie« des forschenden Denkens schlagen? Überhaupt – wie kann sich ein Nicht-Musiker zu einer Problematik äußern, von der Spezialisten gestehen, daß sie ihnen unlösbar scheint? Ist Musikologie als Erfahrungswissenschaft möglich, und wenn ja, wie anders denn als Erforschung und Beschreibung real existierender Kompositionen? Wie aber wäre es – wenn das Komponieren selbst Forschungscharakter besäße und in seiner Weise sich auf das einließe, was wir Wirklichkeit, Andersheit, Erfahrung, Differenz nannten? Wäre dann der forschende Geist nicht länger im wissenschaftlichen Denken monopolisiert, sondern ins ästhetische Feld zerstreut?

So viele Fragen, und keine Aussicht auf eine Antwort. Ich will in dieser Verlegenheit das Verfahren vereinfachen, indem ich das Wort an einen Musikologen abgebe, der sich in jüngerer Zeit mit suggestiven Veröffentlichungen hervorgewagt hat, namentlich mit einem Buch, das den verheißungsvollen Titel *Nada Brahma. Die Welt ist Klang* trägt. Der Autor, Joachim Ernst Berendt, war der Öffentlichkeit seit langem als Jazzexperte bekannt. Mit seinen letzten Büchern ist er aus den Grenzen seines Fachgebiets ausgebrochen, wenn er auch seine spezielle Akustik und Optik in den erweiterten Exkursionen beibehalten hat. Was er uns zu hören gibt, ist eine Art Free-Jazz-Kosmologie auf der Basis von klangphysikalischen Theoremen und Krisendiagnosen im Stil der nicht mehr nur US-amerikanischen *New-Age*-Publizistik, umspielt von tibetischen Om-Gesängen, neueuropäischer Venunftkritik, Teilchenforschung, Paläolinguistik und Zen-Buddhismus. Die auffällige Vielstimmigkeit von Berendts Ausführungen ist eine gewollte und enthält stilistisch eine Absage an das, was der Autor das »monokausale Denken« nennt, man darf hinzufügen, an das monologische

Modell des klassischen theoretischen Diskurses. In dieser *open-air*-Metaphysik geht es kreuz und quer durch die Disziplinen, die Kulturen, die Zeitalter, die Gattungen, wie sich's für ein popularphilosophisches Festival gehört. John Coltrane trifft Max Planck, die indischen Götter fachsimpeln mit Physikern aus Harvard, mit Genugtuung erfährt C. G. Jung, daß die Linguistik phonetischen Archetypen auf der Spur ist, der neue *world-music*-Typus erteilt den Politikern Nachhilfeunterricht in swingendem Kosmopolitismus, und die Fernsehmacher müssen sich vom Radio-Theoretiker Berendt sagen lassen, daß sie einem blinden visuellen Imperialismus in die Hände arbeiten, während von Musik und Radiokultur die Impulse für die Zukunft einer überlebensfähigen, intelligenten, eher auditiven Kultur ausgehen könnten.

Man sieht, es geht auf den Seiten von *Nada Brahma* bewegt zu, und die Mitteilungen aus der physikalisch-musikologischen Grundlagenforschung, die Berendt heranzieht, haben oft einen abenteuerlichen Charakter, der unseren Hunger nach Solidität merkwürdig unbefriedigt läßt. Dennoch scheint es, als gründe die Abenteuerlichkeit von Berendts Mitteilungen in der Natur der dargestellten Dinge und gehe auf den hohen philosophischen Einsatz zurück, um den die Grundlagenforschung spielt. Wir dürfen nicht zu schnell dem Verdacht nachgeben, die seriöse Forschung triebe es jenseits einer gewissen Schwelle der Abstraktion noch ärger als jeder Feuilletonismus. Noch in der kühnsten Extrapolation gewinnen die Sachen ihren Ernst aus sich selbst und lassen sich nicht mit äußerer Skepsis erledigen. Berendt freilich kennt, bei aller Gewandtheit, die den Medienexperten verrät, in seinen Grundaussagen einen Ernst, den man tödlich nennen könnte, wenn er nicht auch etwas Verspieltes hätte – einen Ernst, der sonst nur den Helden angesichts der Sphinx oder den Propheten vor der schwerhörigen Menge überkommt. Es ist der Ernst der großen Lebensfragen, der den Autor inspiriert und ihn beflügelt, mehr zu sagen, als dem Experten zusteht. Weil hier nicht nur die Musik der Musiker zur Sprache kommt, sondern weil Musik zur Weltmetapher aufsteigt, hat der Autor von *Nada Brahma* keine Bedenken, die Frage nach Sein oder Nichtsein zu stellen. Er tut dies nicht in Form von Hamletschen Privatskrupeln, sondern im planetarischen Format und mit gesamtmenschheitlichen Aussichten. Die Krise hat aus dem Jazzer einen musikologischen Propheten gemacht.

Erlauben Sie mir, bevor ich die musikontologische These des Buches erörtere, zwei Bemerkungen über den Typ von Popularphilosophie, zu der es seiner Fabrikation nach rechnet.

Erstens ist es ein hervorragendes Beispiel für das, was man wilde Philosophie oder Laienmetaphysik nennen könnte. Sie hören gewiß, daß die Ausdrücke »Laie« und »wild« ihren pejorativen Unterton abgelegt und einen positivierenden, feststellenden Charakter angenommen haben. Die positivierende Tendenz muß nicht bis zur Nivellierung reichen, so als sei Philosophie ein Warenhaus, in dem man zivilisierte und wilde Modelle indifferent nebeneinander handelt. Das wilde Moment hat gegenüber dem zahmen eine differentielle Schärfe, ebenso wie das laienhafte eine Provokation gegenüber dem Professionellen ausdrückt. Beides darf nicht falsch positivierend weggeredet werden, weil beides, das Wilde wie das Laienhafte an Berendts Versuch, nur sinnvoll ist im Licht des Gegenteils. Weil die zahme und berufsmäßige, man könnte höflicherweise auch sagen: weil die ordentliche und tieferblickende Philosophie, gewisse vitale Bedürfnisse nicht befriedigen kann, entsteht neben den etablierten Formen, und größtenteils gegen sie, ein Wildwuchs, der oft einen Brisanzbonus und einen Vorsprung an Unmittelbarkeit gegenüber den kultivierteren, blasseren Gewächsen aufweist. Die Wildformen sind attraktiv durch Farbigkeit, Aktualität, Krisenpathos, Großräumigkeit des Blicks, Lässigkeit des Stils, kommunikativen *appeal* und eine beneidenswerte Angstlosigkeit im Hinblick auf das, was solchen Gebilden mit hoher Wahrscheinlichkeit bevorsteht: die Blamage durch den Professionalismus. Was man in der blamierenden Kritik typischerweise hört, ist das Argument, daß die Professionellen diese formidablen Synthesen längst selber entwickelt hätten, wenn sie haltbar wären, ja wenn es um Synthesen überhaupt so einfach stünde; die Professionellen seien, was sie sind, deswegen, weil ihre analytischen Organe und ihr Problembewußtsein unvergleichlich entwickelter und zur Vorsicht berufener sind als die Laienlogik.

Die zweite Bemerkung schließt hier an. Berendts Buch repräsentiert in sehr charakteristischer Weise eine laienphilosophische Denkform, für die ich den Terminus »neo-synthetische Systeme« vorgeschlagen habe. Die seit hundert Jahren augenfällige Hochblüte dieser Systeme hat kulturökologisch wichtige Gründe, darunter die erwähnte Eigendynamik des analytischen Geistes, dazu das sinnverwandte Problem des Spezialistentums, das die intellektuelle Ökologie der Modernität belastet. Den wichtigsten Grund müssen wir erst nennen: es ist die Krise, es ist die Transformation der Philosophie selbst, die den freihändigen Weltanschauungskonstrukten in so auffälliger Weise freies Feld geschaffen hat. Diese Krise läßt sich zumindest bis in die Generation der Hegelschüler zurückschreiben, vielleicht sogar bis ins Jahrhundert des Descartes und des *esprit de géométrie*. Sie führt dazu, daß das seriöse Denken sich in allen wesentlichen Fragen nicht mehr für synthesemächtig erklärt; mag sein, daß die Begründungsverhältnisse umgekehrt liegen und daß die Krise der Philosophie nur ein Resultat der Paralyse ihrer synthetischen Potenz wäre. Jedenfalls ist die Philosophie in dieser Beleuchtung eine Disziplin, die es auf sehr merkwürdige Weise fertiggebracht hat, für nichts wirklich zuständig zu sein. Ihre weitgehende Unzuständigkeit fürs Reale, Bestimmte ist ein Symptom dessen, daß sie sich als kritische Philosophie – und welche wollte nicht kritisch sein – von den synthetischen Funktionen zurückzieht; freilich war die Emigration des philosophischen Denkens in die reine Analysis dort sinnvoll, wo es, wie im Amerika des Charles Sanders Peirce, weltanschauliche Suppenküchen an jeder Ecke gab. So richtig professionell ist die Philosophie von heute darum nur dann, wenn sie vorführen darf, wie sie etwas sagen würde, wenn sie etwas sagen würde. Aber natürlich ist sie viel zu reflektiert, um etwas zu sagen – sie hütet sich vor weltanschauungsrelevanten Affirmationen wie das gebrannte Kind vorm Feuer. Aus der Liebe zur Weisheit ist ein multinationaler Irrtumsvermeidungskonzern geworden, der Sicherheit verspricht wie eine Erste Allgemeine. Im Beinahe-nichts-Sagen und in der klugen Enthaltung von zu weit gehenden Behauptungen – und welche Behauptung geht nicht zu weit – leistet die moderne Philosophie Unglaubliches.

Wie aber kommt es? Ihrem neuzeitlichen Selbstbegriff nach will Philosophie forschendes Denken sein. Für dieses ist es unvermeidlich, die entscheidenden Fragen nicht zu entscheiden, sondern zugunsten permanenter Reflexion und Weiterforschung offenzuhalten. Sollte sie so leichtsinnig sein, eine wesentliche Frage definitiv zu beantworten, so wäre sie ihrer Grundentscheidung, Forschung zu sein, in den Rücken gefallen. Das forschende Denken votiert für das Auch-anders-sein-Können der Dinge, weil es ein Denken des Wirklichen sein will und kein autologes Glasperlenspiel. Dem forschenden Geist könnte nicht Schlimmeres zustoßen, als wenn durch eine epistemologische Katastrophe unbekannten Ausmaßes eines Tages herauskäme, wie »alles in Wirklichkeit ist«. Wenn alles mit einem Mal so und nicht anders wäre, dann triebe das Auch-anders-sein-Können der Dinge dem Nullpunkt entgegen und ihre Wirklichkeits- und Fremdheitsqualität wäre zugunsten eines endgültigen und selbstbewußten Wissens verdunstet. Unser Denken wäre auf das nackte So-ist-Es gestoßen und wir stünden entwaffnet und ein für allemal belehrt vor dem Nicht-mehr-Anderen. Unsere Zweifel würden arbeitslos, unser

Hunger nach Differenz wäre gestillt, unsere Forschungs-
passion würde überführt ins Tausendjährige Reich der
nicht mehr anders-sein-könnenden Endwahrheiten. Nach
üblichen Begriffen wäre ein solches Ans-Ziel-Kommen
vermutlich recht unangenehm, denn was wir das So-
und-nicht-mehr-anders-sein-Können der Dinge genannt
haben, ist lediglich eine erkenntnistheoretische Um-
schreibung dessen, was man alltäglich den Tod nennt.
Will aber vielleicht die Philosophie den Tod? Ist er das,
was sie sucht, wenn sie forscht? Ist er das letzte Wort des
Wissens, das die Philosophie vernimmt und vor dem sie
sich zugleich unter dem Vorwand weiterer Forschung die
Ohren verstopft? Tatsächlich finden sich, bei Plato und
anderen, gewisse Formulierungen, die zumindest dem
Wortlaut nach von einem Tod als dem Ziel philosophischer Erkenntnis sprechen. Auch geht durch die Weis-
heitslehren fast aller Hochkulturen das Wispern von
einem Erkennen, das ein Sterben ist. Ist nicht die vollen-
dete Weisheit selbst eine philosophische Euthanasie, ein
»Tod mit offenen Augen«, eine glückliche Selbsterträn-
kung des Subjekts in letzten Einsichten? Und lebt die
Moderne hingegen nicht von einer diskreten Option für
Unweisheit, Unvollendung, Vorläufigkeit, Weitersuche,
Aufschub, »unendliche Fahrt«?
 Was nun an Berendts *Nada Brahma* ins Auge springt
und die Zuordnung des Buchs zum Typus der neo-synthetischen Denkformen erlaubt, ist der affirmative, man
könnte sagen neu-definitive Ton. Man liest und sieht: dies
ist ein Buch der Antworten. Zwar verweist der Autor auf
eine Fülle offener Fragen, doch der antwortende Grund-

zug des ganzen ist unbestreitbar. Schon der Untertitel des Buches läßt daran keinen Zweifel: Die Welt ist Klang. Dieser Satz sagt mehr, als im Prädikat Klang zum Subjekt Welt enthalten ist. Er sagt auch, daß für uns positive Welterkenntnis im ganzen möglich sei; er sagt, daß solche Welterkenntnis nicht dazu verurteilt ist, in stummer intuitiver Innerlichkeit zu verschwinden, sondern in wahren Äußerungen laut werden kann; der Satz »Die Welt ist Klang« hat mithin Obertöne epistemologischer und metaphysischer Natur; er sagt, es gibt mindestens einen wahren Aussagesatz über das, was die Welt in ihrem Wesen ist; es gibt mindestens eine gültige Antwort auf die Frage nach der metaphysischen Substanz der Welt; es gibt überhaupt eine Welt, deren Einheit in einer Grundqualität, Klang, ausgesagt werden kann, und sie darf sich nur darum Welt, das heißt Universum nennen, weil ihr Bestand ausdehnungsgleich ist mit dem universalen Tatbestand des Klangs; und es gibt schlechterdings eine Welt, in der wahre Sätze über sie als ganze möglich sind, vermutlich, weil Welt und Satz eine Art Resonanzgruppe bilden, in der Sätze »stimmen« können, sofern die Welt auf stimmende Sätze über sie »anspricht«. – Man könnte sich im übrigen Berendts Buch auch als untendenziöse Kompilation von musikologischen, linguistischen, physikalischen und kunstethnologischen Einzelaussagen vorstellen und behielte selbst nach Abzug der neumetaphysischen Botschaft eine Menge bemerkenswerter Information zurück. Der Autor hat intensiv und extensiv Wissenswertes zusammengetragen, er ist herumgekommen, er beweist, daß man ohne Erfahrungshunger kein guter Zeitgenosse sein kann. Das Entscheidende an seinem Buch ginge aber bei einer Übersetzung des Stoffs in eine dokumentarische Tonart verloren: sein neuontologischer *sound*, diese etwas verblüffende Vibration – wie da einer aufsteht und loslegt, der dem Sein unter den Rock geguckt hat. Möchte man es so gut haben wie er? Hat er es gut? Hatte er eine Vision oder hat er was gesehen?

Man muß zunächst wissen, daß dieser *sound* nicht Berendts persönliche Signatur ist, wie sonst der *sound* im Jazz, sondern daß er die gemeinsame Tonart unzähliger moderner Weltanschauungskonstrukteure vorgibt. Sie alle wollen nicht mehr nur Anhäufungen von Einzelerkenntnissen anbieten, von denen jeder längst mehr als genug herumschleppt. Ein neosynthetischer Autor wird zu dem, was er ist, durch seinen Anspruch, aus Sammelsurium Gestalt, aus Rauschen Klang, aus Geräuschfetzen Welt zu machen. Wer eine Neue Synthese liefert, ist jemand, der Ordnung ins Chaos zu tragen verspricht. Die Neo-Synthetiker sind darum die Komponisten unter den Philosophen, die Musikanten unter den Denkern – man muß nicht so boshaft sein, von vornherein sich Dorfmusikanten vorzustellen. Eine Art naiver Spielfreude flüstert ihnen ein, daß Töne zum Musikmachen da seien und daß man Teile zu etwas Ganzem zusammensetzen solle. Und wirklich, sie spielen das Stück – während die Fachleute sich seit langem darauf beschränken, Stücke zu zerlegen, auf ihre schwachen Stellen hin zu untersuchen und Bauanleitungen für nie komponierte Werke zu erlassen. Daß die Fachphilosophen für die Enthaltsamkeit Gründe haben, müssen wir zu ihren Gunsten annehmen. Doch Sprödigkeit in Ehren, und nichts gegen Skepsis, die ihr Metier versteht: auch in dieser »Zeit ohne Synthese«, wie Musil das 20. Jahrhundert genannt hat, hört das Bewußtsein nicht auf, zwischen analytischen und synthetischen Motiven eingespannt zu sein. Und so übernimmt, während die strengere Philosophie sich, aus Klugheit oder aus Feigheit oder kraft des skeptischen Kompromisses beider, ausdrücklich zurückhält, der konstruktionsfreudige Laie die Verantwortung für den Bedarf an Übersicht und Orientierungswissen. Die mutigeren Komponisten am ontologischen Synthesizer finden sich deswegen unter den Laien; sie sind die berufenen Selbsthelfer in Weltanschauungsnöten, sie sind es, die zugleich sorgloser und authentisch besorgter an die Rampe treten können, weil sie sich um die »wirklichen Probleme« mehr Sorgen machen als um letzte Professionalität bei deren »Darstellung«.

Die Welt ist Klang! Wahrscheinlich ist dies die reizvollste Weltformel, die einem modernen Neo-Synthetiker in die Feder geflossen ist. In ihr klingt nicht nur der neu-ontologische *sound* so, wie er klingen soll; es schwingen auch die Obertonreihen der ehrwürdigen Metaphysiken Europas und Asiens einigermaßen sauber mit; da kommt Altes mit Neuem so zusammen, wie die Konsonanzsehnsucht modern verwirbelter Gehirne es sich heimlich erträumt; da ist die befreiende Antwort gegeben, die das unglückliche Bewußtsein der Modernität mit sich versöhnen könnte, wenn es nur fähig wäre, wirklich zu »hören«.

Was ist hören? Ist es die Fähigkeit, durch den Weltlärm hindurch Urklänge zu vernehmen? Ist das Ohr ein metaphysisches Organ, das die Sphärenmusik vernimmt, oder ist es ein irdischer Lautfühler, der Geräusche in signifikante Signale und sonoren Abfall sortiert? Läßt sich, wie Berendt glaubt, durch eine Renaissance des Hörens, eine Kosmologie restaurieren, nach der unsere Welt ein musikalisch verstehbares Ordnungsgebilde sei – nicht Chaos, sondern Kosmos, nicht Lärm, sondern Klang, nicht Tohuwabohu, sondern Symphonie? Unterstellt dieses Pathos des Hörens nicht ein Weltbild, in dem die Welt *a priori* als frohe Klangbotschaft gedacht wird? Ist das Berendtsche Hören nicht eines, das von vornherein einen akustischen *ordo* postuliert, der sich nur dem enthüllen kann, der sich das Sein als zu erhörenden Harmonieauftrag vorstellt? Kann eine so verführerische Formel wie die vom Klangcharakter des Seins Gehör finden, wenn dieses nicht im voraus entschlossen ist, ein gehorsames Gehör zu sein, das nicht nur suchen, sondern finden will und das von einem gewissen Punkt an nicht mehr forschendes Ohr ist, sondern endgültige Zusprüche des Seins vernimmt?

Es ist Berendts theoretischer Ehrgeiz, die etymologische Verwandtschaft der Wörter hören und gehorchen klangontologisch zu fundieren; im Pathos des hörenden Denkens meldet sich das Programm einer Metaphysik der Rezeptivität an. Hinter dieser Ambition steckt modernitätskritischer Sprengstoff. Das neumetaphysische Ohr soll nicht mehr nur ein Organ der kritischen Subjektivität, sondern eines des ontologischen Hinhörens sein;

es soll nicht nur rastlos forschen, sondern auch vor dem Entdeckten stillstehen, es soll nicht mehr nur auf die Parolen eigener Projekte und Revolten hören, sondern einer überlegenen Seinsmusik lauschen. Berendt will zeigen, daß die Irrwege der Modernität letztlich alle auf eine Unmusikalität zurückgehen – nicht auf die triviale, die sich als Falschsingen und Arhythmie verrät, sondern auf eine existentielle Unmusikalität, eine ontologische Gehörverstopfung, eine kosmische Taktlosigkeit, die auf den Einbruch von fundamentalen Verstimmungen ins Verhältnis zwischen Mensch und Natur deutet. Der Mensch der Neuzeit soll wieder hören lernen. Sein Weg muß von krisenträchtigen, maskulinen, offensiven, raubtieräugigen »Ansichten« der Welt zurückführen zu hörender Hinnahme und empfangender Einstimmung ins sanfte Regime der Klänge. Durch das Ohr geht eine Verweiblichung des Intellekts. – Man begreift: das ist ein starkes Programm, das viel verspricht, weil es viel hofft und weil es Schreckliches kommen sieht. Ist es wieder nur eine von den fürchterlichen Generaldiagnosen, an denen sich die Schöngeister berauschen und bei denen der praktische Geist leer ausgeht?

Einen Vorzug besitzt Berendts Ansatz ohne Zweifel: er bekennt sich ohne Umschweife zu seiner neumetaphysischen Grundthese. Der Satz, daß die Welt Klang sei, bleibt seine Erklärung nicht schuldig. In aller Massivität besagt er, daß die phänomenale Welt, die wir sinnlich erfassen und vorstellend zurechtlegen, nur Teil und Aspekt des Grundphänomens Klang sei. Klang seinerseits bedeutet unendlich viel mehr als das Phänomen, das durch die Existenz von Ohren bestätigt wird. Im Anschluß an Resultate physikalischer Grundlagenforschung fordert Berendt eine kopernikanische Wende von Gehör und Auge, Tastsinn und Geschmack zu einem radikalen Klangbewußtsein: alles, was existiert, »klingt« – auch das, was nicht im engeren Sinn sonor ist. Die physische Welt besteht aus schwingenden Mikroteilchen und harmonikal deutbaren Wellenphänomenen, sie gliedert sich in makrokosmische Strukturbeziehungen, die sich dadurch auszeichnen, daß sich in ihnen arithmetische, harmonikale, tonale Grundverhältnisse materialisieren. Alle Körper sind Klangkörper, und der Inbegriff aller Körper, das Universum, ist ein riesiges Musikinstrument, das in ständiger harmonischer Selbsterregung tönt.

Das sind keine ganz neuen Gedanken. Denn so hat nicht nur der musikalische Physikalismus in der Zeit des offenen Kampfes um Tonalität und Atonalität argumentiert – so denkt *grosso modo* seit zweieinhalbtausend Jahren eine prominente, wenn auch esoterische naturphilosophische Schule, die pythagoreische, die sich von ihren Anfängen an in den Kosmos vertiefte, als sei dieser wie eine mathematische Partitur zu lesen. Aus der pythagoreischen Zahlenmetaphysik erhob sich ursprünglich das Postulat eines geistigen dritten Ohres, das durch den empirischen Weltlärm hindurchhört, um die Musik der Himmel und der reinen Beziehungen zu vernehmen. Durch seinen Ruf nach »Hören der Welt« mit dem dritten Ohr scheint Berendt sich als aufgefrischter Pythagoreer zu bekennen. Er verspricht sich, ganz im Stil der Schule, von kosmologischen Harmonie-Erhörungen und musikalischen Ordnungsmeditationen psychotherapeutische, wenn nicht soziotherapeutische Wirkungen – zuletzt nicht weniger als eine sanfte Weltrevolution kraft der kumulativen Wirkung individueller Versöhnungen mit dem musikalischen Sein. In diesem Denken scheint ein altes oder wiedergefundenes Kosmosvertrauen antiken Typs am Werk, ein Vertrauen, das noch nichts oder nichts mehr weiß von den gnostischen oder realistischen Gleichsetzungen zwischen Kosmos und irdischer Hölle, auch nichts von den Verkomplizierungen der Liebe zum Leben, die in späteren Zeitläufen, dem gegenwärtigen zumal, epidemisch wurden. Solches kosmosfromme Denken zeigt sich unberührt durch die Verdüsterungen, die vom christlichen *taedium vitae* und vom monastischen *contemptus mundi* bis zur existentialistischen *nausée* und zur faschistischen Nekrophilie sich steigerten. Tatsächlich überlebt in den pythagoreischen und neo-pythagoreischen Spekulationen etwas von einem altertümlich positiven Weltvorurteil: die Welt ist nach ihm vom Grunde her gut und vollkommen, weil sie sich, dank göttlicher Tonalität und Arithmetik, selber in Ordnung hält. Der dissonante Faktor, den wir in unseren Ängsten, Leiden und Verwirrungen erfahren, kann allein durch Kontemplation der primären Harmonie beseitigt werden. Die Tatsache jedoch, daß diese harmonische Ordnung sich im Geist von Pythagoras und der Seinen philosophisch expliziert, deutet auf ihre »Störung« und die Notwendigkeit ihrer Reparatur hin. Man kann daher nicht anders, als die Arkanmetaphysik der Pythagoreer, wie alle harmonistischen Weltlehren der Antike, als Krisensymptome zu begreifen. Sie richten sich an eine Klientel von dissonantisch verstörten Subjekten, von Suchenden und Leidenden, die der Harmonie nachstreben, weil sie sich durch chronisches Disharmonieerleben von einem besseren Zustand abgefallen fühlen. Das große Versprechen der Harmoniephilosophien besteht darin, daß sie behaupten, Anamnesen zu sein, Erinnerungshilfen und Schulen eines Gedächtnisses, das sich auf eine ursprüngliche Euphorie besinnen kann. Die großen Harmonielehren sind metaphysische Medizinen, sie sind euphorische Therapeutiken, die den natürlichen Vorrang des Glücks vor dem Unglück, der Harmonie vor der Dissonanz, der Seligkeit vor der Misere verteidigen. In allen Weltmathematiken gilt die Subjektivität als der Herd des Leidens, nicht nur in dem Sinn, daß das Problematische allein im Subjekt brennt, sondern so, daß das Subjekt durch sein Aufsichbeharren selbst zum Prinzip des Mißtons und zur Quelle der Verstimmung wird. Wie jede der großen antiken Philosophien, denkt der Pythagoreismus subjektfeindlich, kosmozentrisch, harmonistisch, ihn inspiriert ein Absolutismus des Einklangs. Die gestörte Ordnung wird ihm zufolge wiederhergestellt durch die Amputation des fälschenden Subjekts, das heißt durch die Zurückführung des Mißtons auf ein objektives Verhältnis, durch die Wiedereinordnung seines Subjekts in die kosmische Tonalität. Das »wahre Glück« entspringt aus der Einstimmung des elenden Ichs in die ewigen Oktaven.

Solche Eliminierungstherapien waren natürlich von Anfang an, um das mindeste zu sagen, problematisch, und es ist kein Zufall, daß die Großen Lehren etwas Zwielichtiges behalten haben, etwas Überspanntes und Unglaubliches, auf das die Alltagsskepsis seit jeher zurückhaltend und spöttisch reagiert hat. Das Subjekt heilen, indem man es abschafft oder zur Selbstaufgabe überredet – ist das nicht blanker Zynismus, maskiert als hoher Logos und Metaphysik? Tatsächlich wird dieser Einwand erhoben, seit es die harmonikalen Großtheorien gibt – mit einer pikanten Nuance freilich: es war die übel beleumundete Schule der Kyniker, durch die sich der skeptische Widerstand gegen die sozio-kosmozentrische Vereinnahmung des Einzelnen zum ersten Mal bissig artikulierte. Kynismus war die erste existentialistische Revolte gegen die Planierung lebender Subjekte im kosmologischen System. Eher sollte ihm der Gewalthaber samt seinen verführerischen Machtworten aus der Sonne gehen, als daß der Einzelne sich logos-servil aus dem Weg räumen ließ. Bis in Adornos Polemik gegen die »Ontologie« tönt dieser individualistische Protest nach: er beharrt auf der Nicht-Einstimmung als der Wahrheit des leidenden Einzelnen und denunziert alle Formen des mitmachenden Geistes, die auf Mitwirkung an Selbstzerstörungen, auf Verinnerlichung des sinnlosen Opfers hinauslaufen. Wer am Lebensrecht des Einzelnen festhält, zieht die zerrissenste Subjektivität dem ontologischen Harmonieerlaß vor, da man sich nur zu gut erinnert, was Harmonisierung auf der praktisch-grobstofflichen Ebene meint: mitmarschieren in den harmonischen Kolonnen, Liquidierung des unstimmigen Subjekts, Entmutigung des Abweichenden, zweite Vergewaltigung des schon verletzten Lebens. Die Kyniker, die Hundephilosophen, ließen es sich spektakulär anmerken, daß ihnen ein dissonant lebender Hund näher verwandt sei als ein harmonisch halbtoter Metaphysiker.

Nolens volens partizipiert Berendts *Nada Brahma* an dieser Problematik, nicht weil der Autor sich explizit an ihr mißt, sondern weil sie ihm als theoriepolitische Mitgift seines Themas zufällt. Das neo-synthetische Denken beerbt die Großtheorien in ihren superben, auch in ihren bedenklichsten Zügen. Es treibt von neuem Philosophie, als könne diese wie in alten Tagen lebensorientierende Kräfte freisetzen, aber auch so, als sei es schnell bereit, sich von den übermenschlichen Großwahrheiten konsumieren zu lassen. Es scheint hier, als träfe das Bedürfnis nach geistiger Orientierung in der Sache selbst mit der Liquidierung dessen, der sich orientieren wollte, zusammen. Die Antwort der Großen Harmonielehre auf meine kleinen dissonanten Fragen muß ja stets lauten: du selber bist das Problem. Und was es heißt, dieses Problem zu »lösen«, dafür gibt es historisch fast nur Beispiele, die frösteln machen. Darum muß sich der individualistische Geist alarmiert fühlen, sobald sich der Harmonismus als sozialer, politischer, zivilisationskritischer Logos empfiehlt.

Man darf Berendt nicht unterstellen, er führe mit seinem klangmetaphysischen Theorem Unheil im Schilde. Es hieße sein Vorhaben mißverstehen, wollte man es als ideologische Vorarbeit zur Errichtung einer harmonikalen Machtstruktur »durchschauen«. Vielmehr scheint es, als hätten sich neuerdings im Innern der objektivistischen Weltlehren die politischen Geister geschieden. Es

mag tatsächlich da und dort eine neo-pythagoreische
Rechte geben, die erneut das Prinzip Subjektivität einkas-
sieren will zugunsten kosmischer Ordnungsmächte samt
ihren autoritär-neukonservativen Sachwaltern auf Erden.
Eine neo-pythagoreische Linke hingegen, der man Berendt zurechnen müßte, wenn sie existierte, unternimmt
das Wagnis, die Subjektivität ontologisch zu »erden«.
Aus neukosmologischer Sensibilität und ökologischer
Sorge möchte sie die neuzeitliche Vernunftkultur und
Emanzipationsdynamik zurückbetten in einen naturalen
Kontext, der mögliche Ökologien der Freiheit umgrenzt.
Es bleibt zu prüfen, ob Berendts Versuch, in seiner fürs
altkritische Ohr erschreckenden Positivität, nicht einen
anderen Gehalt besitzt, als der schiere Ontologiever-
dacht unterstellt. Will da einer auftreten und von der
Kommandobrücke des »Seins« herab Unterwerfungs-
übungen unter eine neue Heteronomie leiten, mag es
auch eine Klangheteronomie sein, mit der uns das herr-
schaftliche Gerede vom Sein ein freundliches Gesicht zu-
zukehren verspricht? Oder will ein Autor, der sich als
Sprecher einer »anderen Aufklärung« fühlt, uns darauf
aufmerksam machen, daß die modernen Phantasien von
Autonomie selbst heteronome, dissonante Gewalt in sich
tragen, Gewalt, die uns zum Elend, zur Destruktivität,
zum permanenten Weltkrieg verurteilt? Tatsächlich legt
Nada Brahma auch eine solche Lektüre nahe. Wäre diese
Lesart gültig, so könnte sie zeigen, daß die Unversöhnlichkeit zwischen heteronomer »Ontologie« und autono-
mem Kritizismus in einer falschen Opposition gründet.
Weder muß die ontologische Rede Sklavensprache sein,

noch kann die kritizistische sich als Universalsprache der Freiheit behaupten. Die musikontologische These von *Nada Brahma* könnte, in freundlicher Lesart, so verstanden werden, als suche sie einen dritten Weg zwischen falscher Bejahung des Verneinenswerten und falscher Verneinung des Bejahbaren, als sei sie unterwegs zu einem Ja, das nichts verklärt, und einem Nein, das nichts verteufelt. Die musiktherapeutische Botschaft zielt zwischen die Extreme von Hypernegation und Hyperaffirmation, die selbst die Opponenten ewiger Gewalt darstellen – zwischen den seins-servilen Harmonismus, der alles Gegebene unterschreibt, und den seins-phobischen Dissonantismus, der bekräftigt, daß alles Bestehende entweder die restlose Umwälzung oder den Untergang verdient. Die Erinnerung an die Welt als Klang impliziert, zugleich unvollkommen und unverkennbar, den Hinweis auf eine nicht-affirmative Positivität, die nicht in zynischer Lobhudelei aufs Wirkliche endet. Indem sie die Welt auf ein musikalisches Muster hin auslegt, verteidigt diese gutmütige Ontologie die Chance gegen das Verhängnis, die Kunst des Lebens gegen die Automatik der Zerstörung. Daß *Nada Brahma* in vielen Formulierungen trotzdem einen hyperpositiven Überhang verrät, können wir ebensowenig verschweigen wie den Verdacht, daß die verheißenen Rettungen zu sehr von dem Unglück leben, das sie abwenden wollen. Wächst nicht, wo das Rettende ist, die Gefahr auch?

Berendts musikontologische Neue Synthese verspricht, ein Problem zu lösen, an dem die größten Denker der Philosophiegeschichte gescheitert sind: die restlose Vermittlung von Subjekt und Objekt, die definitive Aufhebung des Gegensatzes zwischen Innen und Außen, die befriedende Auflösung des Subjekts in der Substanz, die begeisterte Verdunstung der Substanz im Subjekt. Lächerlich macht sich diese Neue Synthese nur darum nicht, weil sie an die tiefsten Probleme im Schutz einer respektablen Naivität herantritt. Der Autor von *Nada Brahma* hat nicht vor, sich an philosophischen Abgründen zu messen, er versteht seinen Beitrag als unumwundenen Aufruf zur Lösung brennender Weltprobleme. Er redet wie jemand, der kein autistischer Glasperlenspieler, kein süffisanter Erleuchteter, kein weltloser Angelist sein möchte, sondern wie einer, der wirkliche Fragen wirklichen Lösungen näherbringen will. Doch rückt das neosynthetische Denken der Natur der Probleme und dem Problem der Natur mit verblüffender Unmittelbarkeit zu Leibe. Es spricht auf eine Weise, als könne der Graben zwischen Ich und Welt, Substanz und Subjekt wieder zugeschüttet werden, wenn nur das Subjekt sich dazu bereit erklärt, für weltliche Dinge bis ins Äußerste zuständig zu sein. Es mutet dem Ich ohne Umschweife zu, sich als Vorkommnis in der Welt mit der Welt zu arrangieren. Die ungeduldige Neo-Ontologie kennt kein dringenderes Bedürfnis, als sich der Autorität des Wirklichen zu unterwerfen. Dies setzt voraus, daß unser Denken das Sein nicht verneint und verfehlt, sondern dessen Auswirkung, Explikation und Steigerung bedeutet. Die Behauptung, die Welt sei Klang, impliziert philosophisch die These, daß die Welt denkt, insofern sie klingt, und insofern klingt, als sie denkt. Nur wenn Klingen Denken ist und

Denken Klingen, kann sich der Urabstand zwischen Substanz und Reflexion, Sein und Urteil zugleich in ursprünglicher Überbrückung präsentieren. Die neopythagoreische Klangontologie wäre eine neo-spinozistische Synthese von Egologie und Ontologie, von Bewußtseinswelt und Weltbewußtsein. Die Subjektivität entdeckte von da an sich selbst als Klang in der Welt, und im Klang der Welt das Objektive als Selbst. Wovon die Philosophie nach Kant geträumt hat: hier wäre es traumwandlerisch einfach vollzogen, Subjektivitätsphilosophie und Ontologie hätten sich neu vereinigt, Weltwissen und Ichwissen hätten sich in einer musikalischen Synthesis als ursprünglichste Verabredung ineinander erkannt. Wäre das weltlose Ich erst wieder mit Seinsfülle begabt, dann fiele es nicht mehr allzu schwer, dem Sein forschend auf den Leib zu rücken und es zur logischen Offenbarung zu überreden. Man müßte es nur neu-ontologisch kitzeln und redselig machen, bis es sich aus seinen innersten Bezirken klanglustig ergießt. Man müßte es, im Anschluß an alt-pythagoreische Introspektionen, befragen, ob es im ganzen systemhaft-symphonisch strukturiert sei – und was könnte es anders antworten als Ja? Man müßte weiter fragen, ob seine Systemverhältnisse harmonikal interpretierbar seien, ob allen Strukturen eine mathematische Partitur zugrunde liege; ob Welt ein rhythmisches, ein melodisches Phänomen sei? – und jedesmal ließe sich diese mit uns sympathetisch-komplizenhafte Welt mehr und mehr Zustimmung zu solchen Hypothesen entreißen – bis sie sich zuletzt als apokalyptische Partitur vor dem Auge des Experimentators entblätterte. Mit nackter

Endgültigkeit gäbe die Welt zu, daß sie aus derselben Substanz gemacht ist, aus der das intime Selbst ihres Liebhabers besteht. Am Ende wird der tollkühne Musikontologe seine letzte Frage stellen, die Frage auf Leben und Tod: ob es für den Bestand der Welt darauf ankomme, daß wir unsere und ihre Bestimmung zur zusammen Musik begreifen? Ob nicht Substanz und Subjekt gemeinsam untergehen, wenn unsere Unmusikalität nicht aufhört? Ob nicht die Welt der Zerstörung geweiht ist, wenn die entfesselte, weltlos-gegenweltliche Subjektivität sich nicht eines Besseren besinnt? Und die dermaßen befragte Welt wird nicht anders können, als immer ja zu sagen, nicht zuletzt deswegen, weil sich bei dieser Betrachtungsart nicht ein nichtiges Subjekt gegenstandslose Sorgen um eine von ihm grundverschiedene Welt macht, sondern weil in jeder derartigen Sorge die Welt sich auf berechtigte Weise um sich selbst sorgt. Somit bejaht die Welt das Recht unserer aktuellen Sorgen um ihren Bestand. Aus dieser schockierenden Bejahung entspringt für den Frager der absolute Alarm: er sieht, die Sphinx sitzt innen, das Rätsel ist der Mensch, wer will es lösen?

Nun zeigt sich das wirkliche Problem: das Problem des Wirklichen. Wir nannten die dem Wirklichen zugewandte Arbeit des Bewußtseins Forschung; Forschung, sagten wir, ist nicht die bloße Wiederholung von Vorstellungen, die in bekannte Geschichten eingewoben sind. Solche Geschichten, Mythen, Redensarten, Gemeinplätze stellen die Welt still und dichten sie gegen das Novum, das Ereignis, gegen die Wirklichkeitsspitze des Vorgestellten ab. Forschung hingegen akzeptiert das intellektuelle und praktische Duell mit dem Seienden, sie läßt sich dramatisch herausfordernd ins noch nicht Bekannte ein. In der Forschung scheint der Geist der Subjektivität wie in einem unendlichen Projekt zusammengeballt. Forschung haben auch die Physiker und Mathematiker betrieben, die der Neo-Synthetiker Berendt als seine Gewährsleute zitiert. Er kehrt aber den Sinn ihrer Forschungsergebnisse um: er denkt Forschung kurzerhand als Offenbarung des Wirklichen von ihm selbst her. Die unendliche Arbeit der Forschung, die ihr letztes Wort ins Unabsehbare aufschieben muß, wird von ihm kurzgeschlossen zu einer überwältigenden Enthüllung des definitiv Wirklichen. Es scheint, als sei die Hypothetisierung der Wissenschaften – die schmerzvoll umkämpfte Errungenschaft des modernen Denkens – mit einem Mal rückgängig gemacht zugunsten eines apokalyptischen Wissenschaftsglaubens. Musikologie wird unterderhand zur Lehre von den Letzten Dingen. Der Kurzschluß zwischen Forschung und Offenbarung ist vollzogen, Hypothese und Apokalypse sind eins geworden. Musik wird physische Eschatologie. Von nun an liegen die kühnsten Sätze in der Luft: die Welt ist Klang, weil die Welt selbst das Glasperlenspiel ist. Die Welt selbst ist das schlechthin Offenbare, Hörbare, Erkennbare, Enthüllte, »Entborgene«. Ist das ausgesprochen, so ist die Forschung an der Forschung gestorben. Wir dürften uns nicht weiter anstellen, als forderten wir die rätselhafte Sphinx heraus, als duellierten wir uns gefährlich mit dem radikal Anderen, Unbekannten – jenem Anderen, das wir Wirklichkeit nennen und das die Matrix aller bedeutungsvollen Differenzen, daß heißt Erfahrungen bildet. Die Wirklichkeit selbst wäre stillgestellt und entdramatisiert. Wenn die Welt selbst das Glasperlenspiel ist, eine universale superkonsonante Fête, auf der die Sauerstoffatome in ewigem C-Dur schwingen – dann ist die Forschung in der Sache am Ende, die Dinge haben ihr wahres Gesicht gezeigt, sie werden sich nicht mehr verändern. Das Prinzip Wirklichkeit erweist sich so als eine Gimpelfalle. Wirklichkeit war nicht das dunkle Andere, mit dem wir uns zu konfrontieren glaubten. Es gibt in Wahrheit kein Außen, es gibt keine reale irreduzible Alterität mehr, die uns aus dem Eigensinn ihres Gegenüberseins Zeichen, Rufe, Rätsel, Drohungen und Träume zusenden könnte. Die »wirkliche Welt« wäre nur noch ein als Theater durchschautes Theater, sie wäre die Aufführung unvorstellbar vielfältiger Vibrationen, sie wäre ein Dauerkongreß über Tonalität – sie wäre das Opernhaus, die Oper, das Orchester, die Partitur, die Kulisse, die Sänger, der Dirigent, das Publikum, die Musikkritik und die philosophische Musikologie aus einem Guß, besser, aus einer Obertonreihe von Phänomenen, die ausnahmslos auf demselben Stoff, Klang, bestünden.

Die Ironie dieser klangontologischen Seinsauslegung liegt nun nicht darin, daß sie, wie man so sagt, nur eine Spekulation wäre, daß sie beim Übergang vom Fundierten zum Unfundierten fahrlässig vorginge, daß sie aus fragilen Einzelhypothesen massive Universalisierungen ableitet, und so weiter. Stellen wir uns vor, diese Einwände könnten im Lauf der Zeit durch geduldige Überarbeitung und kompetente Reformulierung des Beweisgewebes aus der Welt geräumt werden; träumen wir einen

Augenblick von einer Situation, in der wir von Berendts Klangvisionen nicht nur angeregt, sondern überzeugt wären. Dann erst wäre die philosophische Katastrophe perfekt, die Katastrophe des Wirklichen. Auf einmal lächelte uns aus dem Wirklichen keine Sphinx mit aufreizenden Todesrätseln mehr entgegen, weil gemeinsam mit den gelösten Rätseln das Wirkliche selbst sich aufgelöst hätte – und dort, wo wir bisher das Andere, Unbekannte, Herausfordernde lokalisierten – draußen, drüben, bei den Sachen, im Vis-à-vis, dort fänden wir das abgekartete Spiel einer tonalen Welt, die perfekte Selbstantizipation des Seins als Klang, eine ontologische Coda im Weltmeer ewiger Vibrationen. Wo bliebe der Ernst des Lebens, das Prinzip Forschung, das Pathos der Wirklichkeit? Wo bliebe der Elan des extravertierten neuheitensuchenden Denkens? Wo blieben die realistischen Gegenwelten zum Glasperlenspiel? Nichts Neues mehr gäbe es unter der Sonne, und auch die Sonne wäre nichts Neues auf der Bühne der immergleichen Klangoper; »die Sonne *tönt* in alter Weise ...«, so lasen wir es im *Faust*. – Machen wir uns für eine kleine Weile mit dieser Neuen Synthese vertraut und stellen wir uns vor, die Fragen des forschenden Geistes hätten sich durch die Antworten der musikontologischen Prophetie zur Ruhe bringen lassen. Was geschähe dann mit unserer Wirklichkeitsidee? Müßte unser Drang, das Unbekannte bekannt zu machen, sich nicht in sich einrollen wie ein Hund zum Schlafen und ließe sich von keinem Ereignis mehr wecken? Was würde aus dem Streben nach dem Anderen? Was würde aus den Odysseen des engagierten und begehrenden Geistes? Somnambulische Selbstliquidierung des Subjekts zugunsten der Sphärenmusik? Einkassierung aller Differenz zugunsten des harmonisch Immergleichen? Ende aller abenteuerlich-ereignisoffenen Forschung zugunsten autologer Klang- und Zahlenspiele? Ende aller potentiellen Kompositionen zugunsten des faktischen Einheitskonzerts? Man muß gestehen, daß es eine zugleich faszinierende und trübe Aussicht ist, die sich uns durch diese harmonikale Identifikation der Welt eröffnet. Es ist die vollkommene Vision des schönen Todes zu Lebzeiten, eine musikalische Euthanasie, Übergang ein tonales Millenium, das zum Untergang des Menschlichen im unpersönlichen Reich der Obertöne verlockt.

Man verstehe diese Betrachtung richtig. Ich will nicht suggerieren, daß Berendt und seine Informanten mit ihren Spekulationen recht haben könnten, auch wenn ich einräumen muß, daß die einzelnen Bausteine, die zur Errichtung dieses naturphilosophischen Harmonietempels verwendet werden, meist von soliderer Art sind als das fertige Gebäude. Mich interessiert nur die Fiktion einer epistemologischen Situation, in der wir definitiv herausgefunden hätten, wie die Welt »wirklich ist« – eine Situation also, in der die Forschung durch ihre eigenen Erfolge auf einen positiven Schlußpunkt zugetrieben würde. Ich unterstelle einen Augenblick lang, daß eine solche Lage eintreten könnte. Dann würde sich zeigen: alle Forschung wollte, ohne es recht zu gestehen, in ein terminales Stadium einmünden, in dem der Versuch, weiter zu forschen, nur zur Wiederholung des schon Erreichten führte und in dem der Aufschub des letzten Wortes sich allein in der ironischen Form des Zitats früher gesprochener Schlußworte aufrechterhalten ließe. Sobald wir unser Weltwissen positivieren, kollabiert unser Wirklichkeitsbegriff und macht dem ultimativen Glasperlenspiel Platz. Es gibt kein Fremdes mehr, die Forschung wird autistisches Rennen im Kreis, das Außen ist das Innen, die Welt ist Klang, sie wird uns nicht mehr überraschen. Der lineare Pfeil der Forschung hat sich in sich selbst zum finalen stehenden Zirkel zurückgebogen.

An dieser Stelle läßt sich ein Zusammenhang zwischen der progressiven Ausreifung und potentiellen Vollendung der Wissenschaften und der Wiederkehr des Mythos erkennen. Der Mythos nimmt mit neo-synthetischer Ungeduld die Situation vorweg, auf die sich der Forschungsprozeß selbst zuzubewegen scheint, sofern er sich nicht in »schlechter Unendlichkeit« eingerichtet hat. Der neue Mythos unterstellt eine zweite Überschaubarkeit der Welt, ja, er führt vor, wie die Idee der Welt als Universum selbst die Funktion eines mythischen gestalthaften Ganzheitsblicks ist. Wo kein Mythos die Welt als »waltendes Ganzes« zusammenhält, dort gibt es nur noch die Zentrifugalkräfte der entgrenzenden Mobilmachung und der forschenden Zerstäubung. Der neu-metaphysische Mythos unterbricht – im Vorgriff auf eine mögliche Selbstabschließung der Forschung – die kopernikanische Explosion und die Verschleuderung der konservativen Reserven. In diesem Sinn ist der Mythos, gleichgültig, ob alter oder neuer, eine ptolemäische Funktion des weltanschauenden Verstandes; er zeigt uns die Welt als ewige

Scheibe, als von Horizonten scheinbar umschlossenes Flachrelief, als bewohnbaren Raum mit Himmelsrichtungen und mit einem logischen Orient, in dem seit jeher die Sonne aufgeht. Jeder Mythos ist ein Orientmythos, ein Orientierungswink, ein ptolemäischer Pakt mit der Zuverlässigkeit der Sonnenaufgänge. Insgeheim umspannt der mythische Blick auch die entfesselte Forschung und garantiert mit seiner unvordenklichen Naivität die Eutonie der von ihren eigenen Forschungsfähigkeiten in Taumel versetzten Seelen. Er beugt dem psychischen Absturz vor, der unvermeidlich erfolgt, wenn der Forschungsschwindel absolut wird. Mit archaischer Geduld repariert er die überschrittenen, explodierten Horizonte, und immer von neuem macht er aus dem stürzenden Erdball eine bewohnbare Scheibe. Horizonte sind Effekte, die der Funktionsweise des ptolemäischen Auges eingeschrieben sind: sie begrenzen und stabilisieren den allesdurchdringenden, allesvernichtenden Blick und schützen ihn vor der infernalischen Zerstäubung der Perspektiven. Wer den Horizont aus dem Auge verliert, ist unterwegs in die Desintegration, an deren Ende Wahnsinn und Weltverdampfung stehen.

Mit Hilfe dieser Beschreibung läßt sich das tolle Treiben der Neumetaphysiker und Mythologen heute auf einen funktionellen Nenner bringen: sie inszenieren einen kognitiven Postmodernismus, der die Funktion des Horizonts im Zeitalter von dessen kategorischer Überschreitung wiederentdeckt. In diesem Sinn ist Berendt mit seinem musikontologischen Blick aufs Ganze nichts anderes als ein logischer Ptolemäer. Als aktiver Mythologe entdeckt er den Horizont der Töne wieder und hört die Welt als klingende Scheibe. Nachdem er sich durch praktische Weltreisen und theoretische Weltumrundungen davon überzeugt hat, daß die Erde rund ist und haltlos durch den Raum stürzt, macht er sich an die Arbeit des mythischen Komponisten, der sich eine bewohnbare, nicht stürzende Welt zusammenstellt. Dieses neu-mythologische Komponieren nennt er, ebenso zu Recht wie zu Unrecht, Neues Denken – und weil er in aller Welt Leute kennt, die es nicht anders machen als er, kann er behaupten, daß diesem Neuen Denken die Zukunft gehöre. Freilich gehört jedem rettenden Denken die Zukunft, weil der Gedanke der Rettung selbst das Postulat von Zukunft in sich trägt. In meinen Augen sind neu-metaphysische Theoriekompositionen nur als ptolemäische Entspannungsübungen zu verstehen. Sie sind mehr hygienische Systeme als Theorien mit Anspruch auf Darstellungswahrheit, mehr Diäten als Argumente, mehr Dichtung als Forschung. Es ist ihr rationaler Sinn, die wahre Fiktion des Überblicks über das unmögliche Ganze aufrechtzuerhalten, in einer Situation, die längst jeden Überblick verbietet. Während sich die »Welt« in Turbulenzen aus Turbulenzen auflöst und sich als Wolke aus lauter Unübersichtlichkeiten über alle Horizonte lagert, dichtet der ptolemäische Geist sich ein horizonthaftes Ganzes zurecht, in dem er zu wohnen versucht, als wäre es seine Heimat von alters her. Ich glaube, daß das, was wir Rationalität nennen, im Grunde nichts anderes als eine ptolemäische Funktion des Verstandes ist. Insofern der rationale Geist die Welt als Welt vorstellt, rationalisiert er sie auch schon nach dem Eigensinn ptolemäischer Gehirne. Vernünftige Gehirne sind ptolemäische Erkenntnisvorrichtungen, die ihre Aufgabe nur dann erfüllen, wenn sie nicht mehr Weltlärm in sich einlassen, als durch ihre Ordnungskapazität verarbeitet werden kann. Doch angesichts der Lärmfluten neuzeitlicher Turbulenzen wird Rationalität offener denn je zur neu-mythischen Komposition. Gerade weil alles als Klang erkennbar wurde, ist alles nur endgültiger, maßloser Lärm ohne Sinn und Struktur – und nur durch ein Komponieren, das sich fälschlich für reines Hören hält, wird die Möglichkeit von Musik unter den Bedingungen der totalen Klangmobilmachung wiederhergestellt. Der totale Klang wäre der Tod der Musik, er wäre die Überholung jeder Musik durch ein Sein, das kraft seines Klangcharakters sich als ewige Hölle sinnloser Harmonie erwiese. Nur weil Harmonie die Ausnahme ist, hat sie das attraktive Leuchten der Bedeutsamkeit um sich. Wäre sie die Regel, so müßte man sie brechen, um die Klanghölle durch wunderbare Dissonanz zu beleben. Nur als Potential berührt uns Musik, nicht als positive Einrichtung; nur als Klärung der Wildnis interessiert uns Tonalität, nicht als Tausendjähriges Reich der Grundtöne. Nur als Versöhnung des Leidens bewegen uns Akkorde, nicht als Konsonanzdiktatur. Die Welt ist nicht Klang, sondern Raum seiner Möglichkeit, sie ist keine Symphonie, sondern ein lärmender Alptraum, der Grund hat, sich selbst daran zu erinnern, daß aus dem Übermaß des Lärms die Vision tönender Ordnungen aufsteigen kann. Wesentliche Musik ist Erholung, Erhebung aus Lärm, beschwörende Komposition von Lebensmöglichkeiten, freie Synthesis gegen chaotische Zwangsgewalten.

Nun stehen wir vor der Klippe dieser Überlegungen: wir entdecken, daß die essentielle Möglichkeit von Musik darin gründet, daß Forschen selbst schon Komponieren ist und daß die forschende Welterkenntnis auf die Entdeckung neuer Ordnungsmöglichkeiten ausgeht. *Die Wahrheit der Forschung ist nicht die Erforschung der Wahrheit.* Wir wollen die Welt nicht erforschen, wie sie ist, sondern sie erfinden, wie sie nicht ist. Das Wort »erfinden« darf man nicht technologisch verstehen; der Sinn des Erfindens meint nicht, daß Positives zu Positivem, Klang zu Klang, Stück zu Stück hinzukommt, als wäre Erfindung eine Herstellung unter anderen. Erfinden heißt eher: dabeisein beim Aufbrechen der positiven Kruste des Seienden; teilnehmen am Einbruch des Wirklichen ins Glasperlenspiel, erfahren, wie das Noch-Nicht aus dem Immer-Schon aufsteigt, wie das Unerhörte sich aus dem seit jeher Gehörten löst, um wie zum ersten Mal zu erscheinen. Im Zeichen des komponierenden Denkens werden Erfindung und Wirklichkeit miteinander verwoben. Der prickelnde Sinn fürs Wirkliche, der die Forschung dramatisiert und aus ihr eine Sache macht, bei der es »um etwas geht«, schlägt nun ganz nach »innen« um. Die positivierte Welt bleibt liegen wie ein geistloser Block aus lauter Endgültigkeit und Substantialität – eine ontologische Müllhalde. Das Forschen nach dem Anderen, dem Unbekannten, Unvorweggenommenen, Eigenwillig-Differenten muß sich abkehren von der inzwischen hoffnungslos bekannten »wirklichen« Welt – und wäre sie die Welt, die als Klang für sich wirbt. Die komponierende Forschung muß die letzte Einsicht in die Beschaffenheit von Welt für immer aufschieben, nicht weil sie noch nicht genug wüßte, um ein Schlußwort zu sprechen, sondern weil Forschung selber nichts anderes ist als die fortwährende Auflösung, Sprengung, Subversion und Umdichtung der schon immer gesprochenen Schlußworte. Der Aufschub des letzten Worts und die Zurückstellung des finalen Klangs sind somit kein Provisorium mehr, sondern das Definitivum selbst. Während alles positivierende Forschen, urdumm und urneugierig, sich von der Hypothese führen läßt, die Welt sei nicht bekannt genug, weiß das komponierende Bewußtsein, daß die Welt nicht unbekannt genug ist; allzu enthüllt steht sie vor unseren Augen und Ohren, und in Wahrheit geht es nicht darum, das Rätsel zu lösen, sondern es vor seinen Lösern zu bewahren. Das Wirkliche, Fremde, Neue läßt sich nicht mehr als Funktion des Außen denken, es sickert durch die Ritzen des abenteueroffnen komponierenden Bewußtseins ins Dasein ein. Wenn Wirklichkeit heißt, noch anders sein zu können, dann ist sie nicht beim etablierten Wissen zu suchen, nicht in nuklearer Tonalität und nicht in harmonikalen Pulsierungen des Kosmos, überhaupt in keiner positiven Vorstellung. Auf alle positiven Thesen des Wissens fällt bereits ein terminaler Schatten, es umhüllt sie die Melancholie der alternativelosen Positivität, die heimliche Synonymie von Tödlichkeit und Tatsächlichkeit. An ihnen verliert unser dramatischer Wirklichkeitsbegriff, das Abenteuer der Differenz, seinen Sinn. Grundsätzliche Andersheit, als Einbruch von Dif-

ferenz, ereignet sich nicht mehr in Gestalt äußerer An-
künfte. Die uns zum Duell fordernde Andersheit quillt
aus unserer »eigenen« Fremdheit, Unbekanntheit, Selbst-
verfehlung und Nichtidentität herauf. Das Andere ist
nicht bei den tatsächlichen Sachen, die bekannt und an-
wesend sein können, jetzt oder später; das Andere
springt in uns auf, sofern wir als unfestgestellte Wesen
dem Unbekannten offenstehen. Soviel haben wir aus un-
serem Gedankenexperiment über die musikontologischen Weltschlußworte von *Nada Brahma* mit Gewißheit
lernen können. Man muß sich einmal ein positiviertes
Schlußwissen ernsthaft vorstellen, um zu begreifen, daß
es um dieses einem forschenden Geist nicht gehen kann.
Weil aber Forschung, solange sie unter dem Vorurteil der
Positivität steht, Unbekanntheit verbraucht und zemen-
tene Bekanntheit zurückläßt, bleibt zu verstehen, daß
alle Forschung »nach außen« strikt sinnlos ist und nicht
die geringste Differenz mehr erschließt. Forschendes
Leben ist nur noch denkbar und praktizierbar als Erfindung dessen, was *eo ipso* in keinem positiven Schlußwissen enthalten sein kann, weil es eben erst geschieht. Auf
Wirklichkeit im Sinne von nichtantizipierbarer irreduzi-
bler Alterität treffen wir dann erst, wenn wir uns öffnen
oder geöffnet werden für das und von dem, was wir nicht
sind und nicht waren. Wirklichkeit ist bei der schweren
Erfindung des Alltäglichen. Sie ist bei der permanenten
Komposition, die noch niemand gehört hat, da sie immer
erst im Hören entsteht. Keine Partitur geht diesen Erfindungen voraus, und das Hören empfängt keine präexi-
stenten Stücke. Schon gehört haben, heißt nichts Wirkli-

ches mehr hören. Wirklichkeit, die uns auch künftig ihr dramatisches, sphinxhaftes Gesicht zukehren wird, gleicht eher einer spontanen Komposition als einem positiven Protokoll, und die Rede von ihr ist eher eine, die am endlosen »Märchenteppich der Welt« webt als eine, die an Schlußworten und metaphysischen Formeln arbeitet. Das Prinzip Erfahrung implodiert und zieht sich von der sogenannten Objektivität zurück, jener versteinerten Tatsächlichkeit des fertigen Offenbaren. Was objektiv geworden ist, ist entrückt ins Glasperlenspiel eines Seins, das keine Differenz mehr kennt – wobei Glasperlenspiel nur ein poetisches Wort sein mag für den Harmonietod der hyperpositiven Philosophen. Als universales Spiel führt es zur Entropie der Differenzen. Es löst alles, was Andersheit, Dissonanz, Spannung, Erwartung, Aufschub und Unvollendung war, im vibrierenden Nebel einer terminalen Einheitserfahrung auf. In ihr existierten wir nicht mehr und wären nicht mehr »hinausgehalten ins Nichts«. Sind wir selber zu Gestalten im Glasperlenspiel geworden, dann gehören wir zur »Substanz«, zum toten Gott, zu den ewigen Dingen.

Soll aber das, was wir von Tag zu Tag treiben, Leben bedeuten, so muß es sich als etwas Unbekanntes, sich selber Fremdes, sich selber Unheimliches, sich selber unendlich Überlegenes erfinden und entdecken. In ihm gälte der Vorrang des Zerbrechlichen vor dem Endgültigen, des Unbekannten vor dem Enthüllten, des Unvollendeten vor dem Perfekten. Die kleinste abenteuerliche Fiktion wöge in ihm mehr als das umfassendste terminale Wissen.

Mit all dem will ich den Satz umschreiben, daß die Musik, die Sie als Fachleute für Klang machen, wohl nur eine Sonderform einer allgemeinen Kompositionskunst ist – einer Kunst, die an keiner Musikhochschule gelehrt werden kann, weil Fachleute für Klang nicht zuständig sein können für das, was nicht klingt. Wäre die Welt Klang, so bestünde die Kunst darin, Klangloses zu erfinden; wäre sie bereits Musik, so müßten wir Nicht-Musiken dichten. Weil Kunst konkav ist, entgeht sie der Expertise, da es unmöglich Fachleute geben kann für das, was anders ist als das, wofür es Fachleute gibt. Existieren heißt, die Zuständigkeit für etwas übernehmen, worauf wir naturgemäß nicht vorbereitet sind. Die Kunst ist dazu verurteilt, das zu können, was sie nirgendwo gelernt hat.

Seit der intellektuellen Romantik ist die Idee geläufig, daß jede Kunst die Vorschule einer anderen sei, bis sich die Kunst zur Grundbestimmung des Lebens schlechthin erhob. Gleichfalls in romantischer Zeit nahm die neo-synthetische Traumfabrik ihre Produktion auf, die sich angesichts der modernen Destabilisierungen zurück oder vorwärts dachte in alte und neue Mythen, in tausendund-eine Gestalt des erneuerten *ordo universalis*. In jeder dieser neu-metaphysischen Visionen ging es um Rettung aus Gefahr und Heilung von trostloser Verkehrung. Dem weltlos und dissonant neben dem »Sein« herumspukenden Subjekt sollte die Erde, der verlorene Kosmos, als Neue Heimat angeboten werden – und man ist kaum überrascht, daß die Geschichte solcher Systeme sich wie ein permanenter Bauskandal liest. Die Romantik ist bis heute eine Serie baufälliger und unfinanzierbarer Illusionen. Und so darf man sagen, daß in den romantischen Ideen von unendlicher Komposition und von künstlicher Totalität das Beste mit dem Gefährlichsten Arm in Arm über den Horizont der Neuzeit heraufkam. Gleichwohl war die Gefährlichkeit neu-synthetischer Träumereien nur die Innenseite einer gewaltigeren, realeren Gefahr, die die romantischen Gemüter früh aufziehen sahen – die der großindustriellen und militärischen Liquidation von Mensch und Erde. War er nur ein Zufall, daß eben in dieser Zeit die alteuropäische Philosophie zu sterben begann, weil sie sich als metaphysisches Glasperlenspiel erschöpft hatte und von härteren Herausforderungen und realistischeren Gesinnungen verdrängt wurde? Ob sie inzwischen tot ist oder nur im Wartesaal der Geschichte schläft, um wiederzukehren, wenn es an der Zeit ist – das ist seither ein Streit unter Fachleuten für Philosophie.

Lassen wir sie damit allein. Wie bei jedem Streit um Meinungen, wird um die Wahrheit der Personen gekämpft, und solange man sich den Kopf darüber zerbricht, ob man noch schläft oder schon tot ist, könnten wir schon mal ins Freie gehen; nicht um nachzusehen, ob König Arthur heute früh auftaucht, sondern um etwas zu tun, was in keinem Glasperlenspiel vorkommt und was kein Traum ist in keinem Schlaf.

Nachwort

Der vorliegende Text – die überarbeitete Version eines Vortrags, der anläßlich des Pan-Musikfestivals im Oktober 1985 in Seoul, Südkorea, verfaßt wurde – verdankt seine Entstehung den vielfältigen Anregungen, mit denen Jürgen Drews von der Zentralverwaltung des Goethe-Instituts, München, mir die gegenwartstheoretische Bedeutung mancher Phänomene in der neuesten Musik nahebrachte. Ich hoffe, dem Leser wird deutlich, in welchem Maß dieser »ästhetische Versuch« auch ein Versuch ist, an sehr spröden und unvertrauten Gegenständen zu lernen. Es dürfte wenige Bereiche geben, in denen sich der Wunsch, ein »guter Zeitgenosse« zu sein, so rasch in die Paradoxien verwickelt sieht wie dem der neuen Musik; diese mag hier darum stellvertretend für die Gesamtheit der aktuellen Künste stehen. Weil der Aktualismus des herrschenden Kunstbetriebs überall die Form eines Spezialismus angenommen hat, kann man nur noch dann auf der »Höhe« der zahllosen Sonderentwicklungen sein, wenn man keiner von ihnen »gefolgt« ist. Auch hierzu paßt Paul Valérys Sentenz: *»Pour être philosophe il ne faut pas comprendre.«*

Zahlreiche Formulierungen der jetzt im Druck vorgelegten Fassung wären nicht denkbar ohne die Einsichten, die mir durch Gespräche mit den Komponisten Reinhard Febel, Peter Michael Hamel und Wolfgang Rihm, dem

Musikologen Hermann Sabbe, dem Dirigenten und Direktor des Goethe-Instituts von Seoul, Joachim Bühler, und dem Leiter des Karlsruher Ensembles 13, Manfred Reichert, eröffnet wurden. Selbstverständlich bleibt die Verantwortung für den Wortlaut des Textes durchweg beim Autor. Das gilt besonders für Fragen, in denen die Gespräche nicht zur Einstimmigkeit führten, sondern Differenzen schärften – ich denke in erster Linie an den Gegensatz, der zwischen Wolfgang Rihms bekennendem Avantgardismus und meinen Vorskizzen zur Dekonstruktion der Avantgarde-Idee hervortritt. In der Begegnung mit moderner Musik und modernen Musikern hat sich meine methodologische Vorahnung verstärkt, daß das philosophierende »Zurücktreten« vor den Phänomenen nicht in einem müßigen Freiraum geschieht, und wäre es der der reinen Kritik, sondern daß es vom Eklat der »Sachen selbst« seinen »Anstoß« erhält. Die Reibung mit den Gebärden einer nach wie vor offensiven und uneingeschüchterten Moderne erzeugt erst die Hitze und das Licht, aus dem die Möglichkeit einer radikalisierten Selbstwahrnehmung der Moderne aufblitzt. Sobald sich diese Selbstwahrnehmung vertieft, hört sie aus eigener Kraft auf, selbstaffirmativ zu sein. Selbstwahrnehmung und Selbstaffirmation können auf Dauer nicht koexistieren – solange die Affirmation gerade auf der Abwesenheit von Wahrnehmung oder auf organisierter Verkennung beruht, ein Tatbestand, der das Verhältnis der Modernität zu ihrer eigenen Bewegung in überwältigendem Ausmaß charakterisiert. Aber wie kann sich dann zwischen der Kunst der Moderne und der Gesamtwirklichkeit der Mo-

dernisierung noch eine gute Differenz auftun? Ist die
Kunst, als moderne, dazu verurteilt, nur die ästhetische
Mimesis der globalen Mobilmachung zu sein? Eine gute
Differenz der neueren Kunst zum motorischen Prinzip
des Weltprozesses kann, wie ich glaube, nur darin wirksam werden, daß die Kunst ihre gelassene Wachheit und
Leidensfähigkeit gegen die Verschwörung der agierenden
Unaufmerksamkeiten wendet. Das Kunstwerk »stellt«
nicht eine Welt »auf«, wie noch Heidegger lehrte, sondern macht wach für das Gebärdenspiel der allgemein gewordenen Aufstellerei.

Die Kunst, die ihre eigene Gestik meditiert, entführt aus
den Reflexen, die sich als Handlungen oder Schöpfungen
ausgeben und doch nur Proliferationen einer sich konfus
ausbreitenden Gewalt sind. Diese Entführung wäre erst
die Einführung in eine andere Aufklärung – eine, die aus
der Klarheit darüber hervorgeht, daß Bewegungen, physische, politische und ästhetische, selbst einsichtig sein
müssen, und nicht nur »Anwendungen« von vorange-
stellten Einsichten bleiben dürfen. Ist nicht jedes »An-
wenden« für seine eigene gewaltsame Wendung schon
wieder blind?

Wollte man den Weg, den diese Kritik des anwenden-
den Denkens andeutet, bis an seinen kritischen Punkt
verfolgen, so würde sich zeigen, daß auf ihm ein anderer
»philosophischer Diskurs der Moderne« begonnen hat.
Dieser handelt nicht von konkurrierenden Diskursen
und agiert nicht die Phantasie von einem allen anderen
Diskursen überlegenen Diskurs aus. Der alternative Diskurs geht, zunächst theorielos und nur mit Aufmerksam-

keit versehen, hinaus auf die Bühne, auf der sich die Modernisierung in permanenter Selbstaktualisierung und Selbstüberbietung vorantreibt. Indem er sich auf der Bühne – vielmehr in der Arena der kämpfenden Bewußtseine – auf das wirkliche Geschehen als auf seinen wirklichen Gegenstand einläßt, wird dieser andere Diskurs der Moderne *nolens volens* zu einer kritischen Theorie der Mobilmachung. Diese krititische Theorie ist eine ästhetische in dem Sinn, daß es eine Theorie ist, die sich ausgesetzt hat. (Allerdings ist das mehr ein Schicksal als eine Leistung – und wird verallgemeinert wohl nur so, daß es immer mehr Leuten *zustößt*. Hier deutet sich das Problem an, wie Schicksal und Methode miteinander verwoben sind. Es läßt sich in die Frage fassen: wie ist das Stigma zu verstehen, was geschieht, zu demokratisieren?) Für eine solche kritische Theorie geht der Komfort der theoretischen Kritik verloren. Das ist leicht gesagt. Von den Kosten dieser Behauptung macht man sich erst einen Begriff, wenn man die kalte Wut gespürt hat, mit der die Revierverteidiger der theoretischen Kritik über die herfallen, die ein nicht-theoretisches Intervenieren auf dem Schauplatz des Denkens für nötig halten.

Die kritische Theorie der Mobilmachung wird zu einer Meditation von Bewegungen, sobald sie nicht naiv kritisiert und theoretisiert, sondern für die Gestik von Theorie und Kritik aufmerksam bleibt. Eine solche Meditation neutralisiert nicht die Urteilsfähigkeit des kritischen Denkens, sondern bezieht die Gesten der Kritik (als Abstandnehmen, Sicherstellen, Einteilen, Verbinden und Abwiegen) in ein umfassendes Bewegungsbewußtsein

ein. Damit fällt die Schranke zwischen dem Logischen und dem Ästhetischen. Es gibt für die radikalisierte Meditation des Denkens keine separate »ästhetische Urteilskraft«, die als zusätzliches »Vermögen« hinter dem theoretischen und dem praktischen hertrottet. Die künstliche Grenze zwischen dem Kunstfähigen und dem Nicht-Kunstfähigen verschwindet. Was bleibt, ist ein Bewegungsbewußtsein, das sich nirgendwo anders aufhalten kann als in dem Raum, der von der Grundproblematik des bewußten Lebens beherrscht wird: die *richtige* Bewegung zu finden. Eine aufgeklärte Beweglichkeit kann nur eine sein, die sich von Grund auf entbrutalisiert. Naturgemäß erscheint die radikale Entbrutalisierung, die das Wesen ästhetischer Wahrnehmung ausmacht, all denen, die unter Waffen und in Stellung sind, als Entstellung von allem, worum es ihrer »Vernunft« geht.

Dennoch, es gibt nur *eine* Aufklärung – diejenige, die etwas merkt. Etwas merken ist Wahrnehmung, ist Ästhetik im weitesten Sinne und bleibt bis in die letzte Instanz die Angelegenheit des Denkens. Aber was wäre heute so sehr zu bemerken wie die globale Mobilmachung einer Welten vorstellenden Intelligenz, die behauptet, schon Denken zu sein? Dieses »Denken« gibt seine Vorstellung ebenso in den Universitäten wie in den Regierungen und den Feuilletons. Es ist die Vorstellung eines Wissens, das seine Stellung zu behaupten hofft, indem es sich permanent mobilisiert. Aufrüstung, Akkumulation und Mobilmachung sind die gemeinsamen Bewegungsmerkmale der weltbeherrschenden Brutalitätskerne, gleichgültig, ob diese als Kapitale, als Nationalstaaten, als Forschungen oder als Verkündigungen in Erscheinung treten. Sie alle leben von der Proliferation einer anästhetischen Rationalität. Sie stellen sich Welten vor und glauben im Ernst, in diesen zu leben. Wer nicht merkt, was er tut, kann alles tun, wie es im Buche steht. Zwischen Menschen gibt es keine Allianz, die so solide wäre wie die Große Koalition der Nicht-Wahrnehmung. Durch sie wird die ewige Kohabitation von klugen Vorstellungen und blinden Maßnahmen möglich.

Ästhetik hingegen wäre die Aufklärung menschlicher Bewegungen durch ein waches Dabeisein und Darinsein. Aufgeklärte Beweglichkeit zeigt sich darum weniger in der lauten Akklamation von Kunstwerken – Kunstbedarf ist eher ein Indiz von struktureller Barbarei – als in dem stillen Einbau von Aufmerksamkeit in Lebensformen. Wer aber *will* das wirklich? Ist die Option für Mobilmachung – das heißt für das Produkt aus Unbewußtheit plus Höchstgeschwindigkeit – nicht viel verlockender als die Kultur der Wahrnehmung? Führt nicht das Wachsein unter lauter Stürmern und Akkumulateuren geradewegs in die Verzweiflung? Muß man nicht ein moderner Fakir sein, um angesichts zunehmender smarter Verrohungen für Bewußtsein zu plädieren? Aber vielleicht war Aufklärung nie etwas anderes als eine wahnwitzige Wette auf das Unwahrscheinliche? Vielleicht ist Aufklärung auch heute die Einladung an die Menschheit, sich auf einer Nadelspitze zu versammeln?

Paris, Dezember 1986